JN319644

ニーチェの警鐘

日本を蝕む「B層」の害毒

講談社+α新書

はじめに　神は死んだ！

今の世の中はおかしいと思いませんか？

私はおかしいと思います。

でも、その「おかしさ」は簡単に修正できるようなものではありません。

なぜならそれは、歴史的、思想史的に発生した大きな変動の上に存在しているからです。

一九世紀ドイツの哲学者フリードリヒ・ヴィルヘルム・ニーチェ（一八四四〜一九〇〇年）は、世の中がますますおかしくなっていくことを予言しました。

「私の物語るのは、次の二世紀の歴史である。（中略）この未来はすでに百の徴候のうちにあらわれており、この運命はいたるところでおのれを告示している」（『権力への意志』）

それではわれわれの時代の一番の問題はなにか？

それはなにも信じることができない時代になったということです。

価値の根拠があやふやになってしまったということです。

その原因は《神様》が引っ越ししたことにあります。

一七世紀から一八世紀にかけて《神様》が座っている位置が変化したので、われわれ人間もなんだかそわそわしているということです。

ニーチェは「神は死んだ」と言いました。

漫画の『ドラえもん』にも登場するくらい有名な言葉なので、哲学に興味がない人でも小《こ》耳《みみ》に挟んだことがあるかと思います。

でもその言葉の意味となると、正確に理解している人は少ない。

たとえば、こんなことを言う人がいます。

「ニーチェは神の死を宣告した。当時のヨーロッパで神の存在を否定したのは、身の危険を顧《かえり》みない非常に勇気ある行為だった」などと。

これは完全に勘違いです。

当時のドイツでは無神論が流行していました。

「神なんていない」「宗教は迷信だ」なんてことは、誰でも言っていたのです。

では、ニーチェが言ったことはなにか？

「神は死んでいない」ということです。

「お前ら一般人は神は死んだと思い込んでいるかもしれないけど、本当はまだ生き続けているんだぞ」ということをニーチェは告発したのです。

「神は死んだ」という言葉が最初に出てくるのは『悦《よろこ》ばしき知識』という書物です。

簡単に紹介しておきましょう。

ある狂気を抱えた人物が、真っ昼間に提灯《ちょうちん》をつけて市場に飛び込んできます。

彼は「オレたちが神を殺したんだ！」と叫びます。

でも市場にいた人々は、最初から神など信じていないので相手にしません。

バカにされておしまいです。

フリードリヒ・ヴィルヘルム・ニーチェ
（1844〜1900年）哲学者

　そして最後に狂気を抱えた人物はこうつぶやきます。

「オレがここに来るのはまだ早かった。この恐るべき出来事は中途半端なところでぐずついており、人間どもの耳には達していない」

　つまり、《神の死》の本当の意味は、世間にはきちんと伝わっていないということですね。

「中途半端なところでぐずついている」状態。

それが今の状況だと思います。

ニーチェは、《神》はさまざまな形に姿を変えて、現代社会に君臨していると言います。

かつては教会の中に収まっていた神が、別の形で世界を支配するようになった。

ニーチェの鋭さは、神の権威、教会の権威を否定し、「これからは新しい時代だ」などと浮かれている人々の根幹に、依然として《神》が座り続けていることを指摘したところにあります。

私たちの時代は、一般に考えられているような「反宗教の時代」ではありません。実は「巧妙に隠蔽《いんぺい》された宗教の時代」なのです。

わが国でも《偽装した神》が暴走を続けています。

われわれ日本人はその奴隷です。

政治は腐臭を放っている。

ゴミのような音楽とゴミのような書物がヒットチャートを賑《にぎ》わせている。

《大衆》はブロイラーのように飼い慣らされ、ベルトコンベヤーでエサを与えられ、暖かい場所で適度に肉付きがよくなり、こうした状況を全世界と信じ込むようになった。

ブロイラーは劣悪な環境において平等です。

それがニーチェの言う《奴隷の幸福》です。

「彼らが全力をあげて手に入れようと望んでいるのは、あの畜群の一般的な〈緑の牧場の幸福〉（中略）である。彼らがたっぷり唄ってきかせる歌と教養といえば、〈権利の平等〉と〈すべて悩める者らにたいする同情〉という二つである」（『善悪の彼岸』）

現在、《神》が姿を変えているものはなにか？

本書ではそれを明らかにし、今の世の中がおかしい原因を究明します。

ニーチェの哲学は《戦闘の書》です。変なもの、いかがわしいものと戦うためのテクニックが具体的に述べられている。狂気に満ちた《宗教の時代》において正気を維持するためには、ニーチェの警告を正面から受け止める必要があるのです。

適菜収

◉目次

第二章　ニーチェの警鐘

第三章　B層グルメとBポップ

第一章　どうして今の世の中はおかしいのか?

大きな底が抜けてしまった

私たちの日常生活も一枚皮をめくると暗黒が顔を覗《のぞ》かせています。

大きな底が抜けてしまっているのです。

たとえば巷《ちまた》には「生産者の顔が見える」というコピーが氾濫《はんらん》しています。

スーパーマーケットの棚には、「安曇野《あずみの》の吉田さんがつくったレタス」や「北海道の木村さんがつくったトマト」が陳列されている。夫婦の笑顔の写真に「私たちがつくりました」などとマジックペンでコメントが書き込んであったりする。

でも「生産者の顔が見える」ってそういうことではないでしょう。

そもそも、人相を見ただけでは、吉田さんや木村さんが信用できる人物なのかわからない。社会に対して深い悪意をもっている可能性もあるし、「顔の見えない」農家のほうが真面目《まじめ》にやっているかもしれない。

なにかが変だと感じつつ、それをやり過ごすしかないのが現代です。

宣伝過剰の大人の隠れ家、スーパーマーケットで売っている門外不出のスープ、社員証を首にぶらさげてランチに出かける大企業のサラリーマン……。

居酒屋でうっかりレモンハイを頼むと、半分に切ったレモンとアルミ製の搾《しぼ》り器を一緒に出されたりします。そして誰もが、情けない顔をしながらレモンをぎゅうぎゅうと搾り、氷と焼酎を入れただけのジョッキに種が入らないように細心の注意を払いながら注いでいたりします。

　こうしたものにいちいち腹を立てても仕方がないのかもしれません。

　そういうものだと割り切って、黙ってレモンを搾るのが大人なのかもしれません。

　しかし、自己欺瞞《ぎまん》を続けるのにも限度がある。

　私たちの社会はどこかで大切なものを見失ってしまったのではないか？

　ある危険な一線を越えてしまったのではないか？

　そう感じると同時に、この怒りが今の世の中では共有されないことも感じています。

　ニーチェは言います。

「今日最も深く攻撃されているもの、それは伝統の本能と意志とである。この本能にその起源を負うすべての制度は、現代精神の趣味に反するのである」（『権力への意志』）

《今日最も深く攻撃されているもの》

《現代精神の趣味に反するもの》

《反時代的なもの》

　今の時代がどこかおかしいと感じるなら、むしろそちらに目を配る必要があるのではないか？

「まともな時代」「まともな人間」「まともな文化」とはなにかと考えてみる必要があるのではないか？

そう考えたのが、本書を執筆した動機です。

全国に発生した変な知事

現在、全国に変な知事が続々と誕生しています。

一九九五年に東京都で青島幸男《あおしまゆきお》（一九三二〜二〇〇六年）、大阪府で横山《よこやま》ノック（一九三二〜二〇〇七年）が相次いで当選し、タレント知事ブームが発生しました。結局彼らはグダグダでしたが、青島やノックには本業の実績がありました。

「青島やノックなら期待できそうだ」と有権者が勘違いしたとしても、それほど不思議なことではありません。

しかし、二〇〇七年の宮崎県知事選挙で東国原英夫《ひがしこくばるひでお》が当選したあたりで、完全に社会の防波堤が決壊します。そのまま東《ひがし》は芸人としてなにか実績を残したのでしょうか？

それ以前に「そもそも芸人なのか？」という疑問が残ります。冠番組も芸と呼べるようなものも特にない。芸歴より目立つのは犯罪歴です。

一九八六年にはビートたけしと共に講談社を襲撃し、暴行罪で現行犯逮捕。一九九七年には、当時たけし軍団に在籍していた男性の側頭部を蹴《け》り、傷害容疑で書類送検されています。一九九八年には、東京都内のイメクラで一六歳の従業員の少女から性的なサービスを受け、児童福祉法違反、東京都青少年健全育成条例違反の容疑で、警察から任意の事情聴取を数回受けている。

要するに、本業でダメだった人間が知事に転職しているのです。

東国原は知事選最終日にマラソンを行い、当選後には作業服姿で初登庁します。特定の知的階層を狙ったパフォーマンスでしょう。

知事になったのは国会議員になりたかったからです。

二〇〇八年一〇月、「衆院選に出る意思はない。知事の任期を全《まっと》うしたい」と発言したものの、翌月には「なるからには閣僚か、トップ（首相）です。初当選、初入閣。そうでない限り行きません」と前言を翻《ひるがえ》します。

二〇〇九年六月に自民党から衆院選出馬を打診された際には「自民党総裁候補にすること」を条件としました。勘違いも甚《はなは》だしい。要するに、周囲がまったく見えていない。東国原が芸人として大成しなかったのは、こうした資質のせいかもしれません。

もっとも、グラドル崩れや過激派崩れが閣僚になったり、市民活動家が総理大臣になるような世の中ですから、タレント崩れが総裁候補になってもおかしくはない。わが国はすでに取り返しのつかないところまで来てしまっています。

大阪ではタレント弁護士の橋下徹《はしもととおる》が府知事に就任しました（その後、大阪市長に転身）。記者会見では癇癪《かんしゃく》を起こして怒鳴ったり、泣いてみせたり。暴力団と付き合っていた島田紳助《しまだしんすけ》が引退会見をしたときには「府知事になれたのは、紳助さんのおかげ」と言っていました。要するに、マスメディアがおかしな政治家を生み出している。

しまいには、居酒屋チェーンの社長が都知事選に出馬し、石原慎太郎《いしはらしんたろう》、東国原英夫に続き第三位につけている。

二〇一一年の都知事選に出馬したワタミグループ創業者の渡邉美樹《わたなべみき》はこう述べます。

「たかだか居酒屋のオヤジがと言われ続けてきました」

「素人《しろうと》であるがゆえにものすごい政治家になれる」

「大いなる素人でありたい」

「今の政治に必要なのは経営感覚」

恐ろしい世の中になったものです。

政治家の仕事と居酒屋の経営は違うということに気づかない人間が、そのまま社会の前面に躍り出てしまった。「素人が世の中を動かしてはいけない」と注意する人間も周囲にはいなかった。

　これを「ワンマン経営者が陥《おちい》りやすい罠《わな》」と笑うのは簡単です。しかし、問題はもっと根深いところにあります。《常識》《良識》《歴史感覚》それらすべてが《現代精神の趣味に反するもの》《反時代的なもの》として葬《ほうむ》られてしまった結果、社会全体がブレーキを失ってしまったのです。

安住淳とEXILE

今の世の中はニセモノで溢れています。

政治の世界も混乱が続いています。

第一次野田《のだ》内閣（二〇一一年九月成立）で防衛相になった一川保夫《いちかわやすお》は、「（自分は）安全保障に関しては素人だが、これが本当のシビリアンコントロール（文民統制）だ」「防衛のみならず、あらゆる分野で国民的な感覚、一種の素人的な感覚でしっかりと対応したい」と妄《もう》言《げん》を吐きました。

　同年一一月にはブータン国王を歓迎する宮中晩餐会《ばんさんかい》を欠席し、民主党の高橋千秋《たかはしちあき》議員の政治資金パーティーに参加。「こちらのほうが大事だ」と発言している。普天間《ふてんま》基地移設問題のきっかけとなった米兵少女暴行事件については「正確な中身を詳細には知らない」と答弁しています。

続く野田改造内閣（二〇一二年一月成立）で防衛相になった田中直紀《たなかなおき》もまた安全保障の素人でした。武器使用基準の緩和と武器輸出三原則の見直しを混同したり、日米政府間の極秘文書を暴露したりと、女房を彷彿させる暴走ぶりを見せた。

世界が経済危機に直面する中、財務相には安住淳《あずみじゅん》が選ばれました。財政政策についての実績も見識もまったくない素人です。

この人事には、経済界はもちろん、民主党内からも不安視する声があがりました。

普通に考えれば、財務省に仕事を丸投げしたということでしょう。中途半端に経済がわかる人間をトップに据えると、余計なことを言い出して面倒なので、無能中の無能を選んだと。柔道をやっていた野田佳彦《よしひこ》は「寝技は苦手」と謙遜《けんそん》していましたが、どうもそうでもないらしい。

この人事に敏感に反応したのは海外メディアでした。

「活発で単刀直入な四九歳」「安住氏自身のウェブサイトを見る限りでは、円高よりも一四人組のダンスボーカルユニットＥＸＩＬＥ《エグザイル》に詳しいようだ」「安住氏のサイトにある二〇〇九年一一月のブログでは、明仁《あきひと》天皇の即位二〇周年記念の式典でついにＥＸＩＬＥのメンバーと会った日のことが書かれている。そこでは自身の写真に加え、『やっと会えました』という吹き出し付きで、『会えた、会えた、会えた、……………会えました』と記されている」
（米紙『ウォール・ストリート・ジャーナル』）

「公式サイトから判断すると、ＥＸＩＬＥが得意分野らしい」（英紙『インディペンデント』）

すでに世界にはこうした深刻なメッセージが発信されているわけです。

安住のあだ名は「ちびっこギャング」です。『週刊ポスト』（二〇一一年九月三〇日号）によると、安住は周囲に「俺は暴走族出身だからな」と言って回っているとのこと。

一八世紀の巨匠ヨハン・ヴォルフガング・フォン・ゲーテ（一七四九～一八三二年）は、「活動的なバカより恐ろしいものはない」と言い、素人が政治に口を出すことを批判しました。

ところが今や、素人が政治に口を出すどころか、素人が閣僚になっている。国家の中枢《ちゅうすう》に「活発で単刀直入」なバカが居座るようになってしまった。

なぜ言葉が軽くなったのか？

おかしなことを言う政治家が増えました。

そしてその「おかしさ」の質が年々変化してきているように感じます。

つまり、完全に向こう側の世界に住んでいる政治家が増えている。

神奈川県の黒岩祐治《くろいわゆうじ》知事は二〇一一年の知事選の際、「四年間で二〇〇万戸分の太陽光パネル設置」を公約として掲げました。もちろん、それが不可能であることはサルでもわかります。同年三月一一日に発生した東日本大震災および福島第一原子力発電所事故による社会の混乱に乗じた悪質な詐欺《さぎ》です。

ところが、この詐欺師が知事になってしまった。これが今の日本社会です。

同年一〇月、記者団が公約の不履行を追及すると、黒岩は「あのメッセージは役割を終えた。忘れてほしい」と返答します。

小泉純一郎《こいずみじゅんいちろう》は「この程度の約束（公約）を守れなかったことはたいしたことではない」と言い、民主党は「マニフェスト（公約）は努力目標だ」と誤魔化しましたが、「忘れてほしい」というのは前代未聞です。わが国の政治腐敗が新たな段階に入ったということだと思います。

そういう意味では、民主党は人材に欠くことはありません。

元環境相の小沢鋭仁《おざわさきひと》は民主党代表選出馬を目指す際、目玉公約として「原発からの段階的撤退」「電力の直接輸入」を打ち出しました。

「（輸入先は）韓国、中国などいろんな国の可能性があっていい。国と国の間に海底ケーブ

ルを一本引けば全て解決する」（『時事通信』二〇一一年八月二二日）

「日本だって、北海道と青森は海底ケーブルでつながっている」（『ダイヤモンド・オンライン』二〇一一年八月二六日）

　正気の沙汰とは思えません。

ライフラインを仮想敵国に預けるという計画は女子高生でも思いつかないでしょう。

要するに、国家の根幹が深い病に冒されている。

　東日本大震災はそれを浮き彫りにしました。

　民主党広島県議会議員（当時）の梶川《かじかわ》ゆきこは、東日本大震災はアメリカが引き起こした「自然改変装置テロ」であるとツイッター上で発言しています。「空母ロナルド・レーガンが破壊力の強い爆弾（小型核）を使って福島3号機建屋を爆破？」などと書き込んでいますが、その根拠としてオカルト系の陰謀論や『ゴルゴ13』を挙げている。

　かつて偽造文書をもとに国会で陰謀論を騒ぎ立て、精神に異常をきたして自殺した民主党議員がいましたが、現在民主党議員の多くがオカルトと陰謀論に汚染されています。

　二〇一一年一〇月六日、「陸山会事件」で強制起訴された小沢一郎《おざわいちろう》被告は初公判の法廷で陰謀論をぶちあげます。

本件の捜査段階における検察の対応は、主権者である国民からの何の負託も受けていない一捜査機関が、特定の意図により国家権力を濫用し、議会制民主政治を踏みにじったという意味において、憲政史上の一大汚点として後世に残るものであります。

（中略）

この捜査はまさに、検察という国家権力機関が、政治家・小沢一郎個人を標的に行ったものとしか考えようがありません。私を政治的・社会的に抹殺するのが目的だったと推認できますが、明確な犯罪事実、その根拠がなにもないにもかかわらず、特定の政治家を対象に強制捜査を行ったことは明白な国家権力の濫用であり、民主主義国家・法治国家では到底許されない暴力行為であります。

世の中には一定の割合でおかしな人は存在します。オカルト世界の住人もいます。それはそれで仕方がありません。

問題はこうした人たちが、選挙に通ってしまい、挙げ句の果てには政権を握り、強大な権力を手に入れてしまうことです。そして、こうした狂気を生み出したのはわれわれの社会なのです。

「B層」とはなにか？

なぜこんなことになってしまったのか？

キーワードは「B層」です。

拙著『ゲーテの警告　日本を滅ぼす「B層」の正体』でも説明をしましたが、ここで簡単におさらいしておきます。

B層とは「マスコミ報道に流されやすい『比較的』IQ（知能指数）が低い人たち」です。小泉郵政改革に熱狂し、民主党マニフェスト詐欺に騙《だま》され、流行のラーメン屋に行列をつくるような人たちですね。

これは私の造語ではなく、二〇〇五年九月のいわゆる郵政選挙の際、自民党内閣府が広告会社「スリード」に作成させた企画書「郵政民営化・合意形成コミュニケーション戦略（案）」による概念です。

この企画書は、国民をA層、B層、C層、D層に分類し、「構造改革に肯定的でかつIQが低い層」「具体的なことはよくわからないが小泉純一郎のキャラクターを支持する層」「主婦や老人、低学歴の若者」をB層と規定しています（次ページの図参照）。

郵政選挙ではこのB層に向けて「改革なくして成長なし」「聖域なき構造改革」といった小泉のワンフレーズ・ポリティクスが集中的にぶつけられます。「郵政民営化に賛成か反対

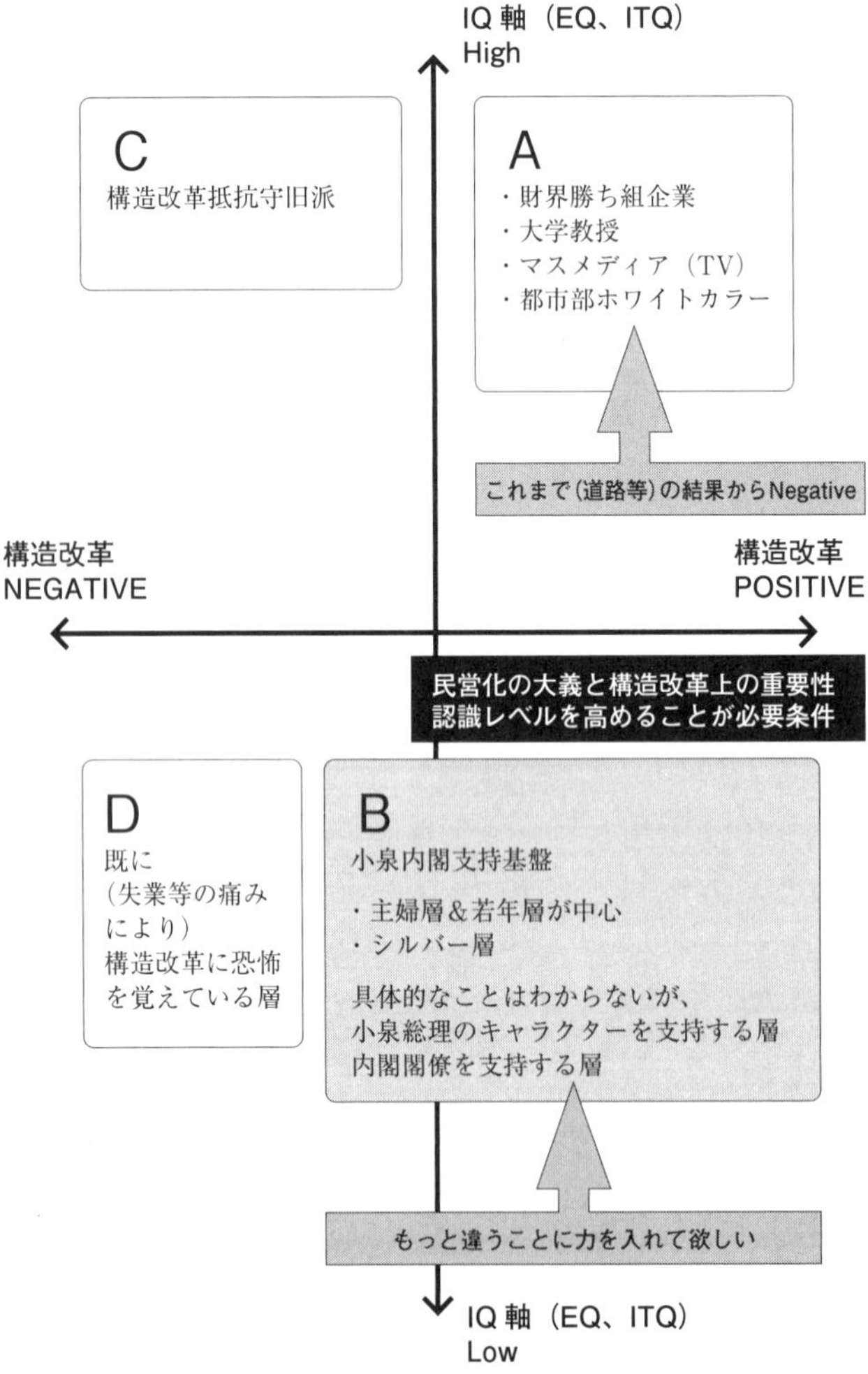
IQ 軸（EQ、ITQ）
High
C
構造改革抵抗守旧派
A
・財界勝ち組企業
・大学教授
・マスメディア（TV）
・都市部ホワイトカラー
これまで（道路等）の結果からNegative
構造改革
NEGATIVE
構造改革
POSITIVE
民営化の大義と構造改革上の重要性
認識レベルを高めることが必要条件
D
既に
（失業等の痛み
により）
構造改革に恐怖
を覚えている層
B
小泉内閣支持基盤
・主婦層＆若年層が中心
・シルバー層
具体的なことはわからないが、
小泉総理のキャラクターを支持する層
内閣閣僚を支持する層
もっと違うことに力を入れて欲しい
IQ 軸（EQ、ITQ）
Low

か」「改革派か抵抗勢力か」と問題を極度に単純化することにより、普段モノを考えていないB層の票を集めたわけです。このように小泉自民党はマーケティングの手法を駆使することで圧勝しました。

この企画書は、国会において「国民を愚弄《ぐろう》しているのではないか？」と追及されましたが、私は、わが国の将来がB層の動向にかかっていることを明確に示している点で参考になると思っております。

同時にこれは、ニーチェの《近代》に対する問題意識とも密接にかかわっています。

グラフの縦軸（IQ）は説明するまでもありませんが、横軸（構造改革に対する姿勢）は「日本固有のシステムを国際標準に合わせることに対する是非」「グローバリズムに対する姿勢」と捉えることもできますし、さらに深部を読み取れば「近代的諸価値を肯定するのか、保留するのか」と読み替えることもできる。

つまり、B層とは《近代的諸価値を妄信するバカ》ということになります。

小泉純一郎（1942年〜）
内閣総理大臣（第87・88・89代）

民主主義、平等主義といった近代的諸価値の徹底

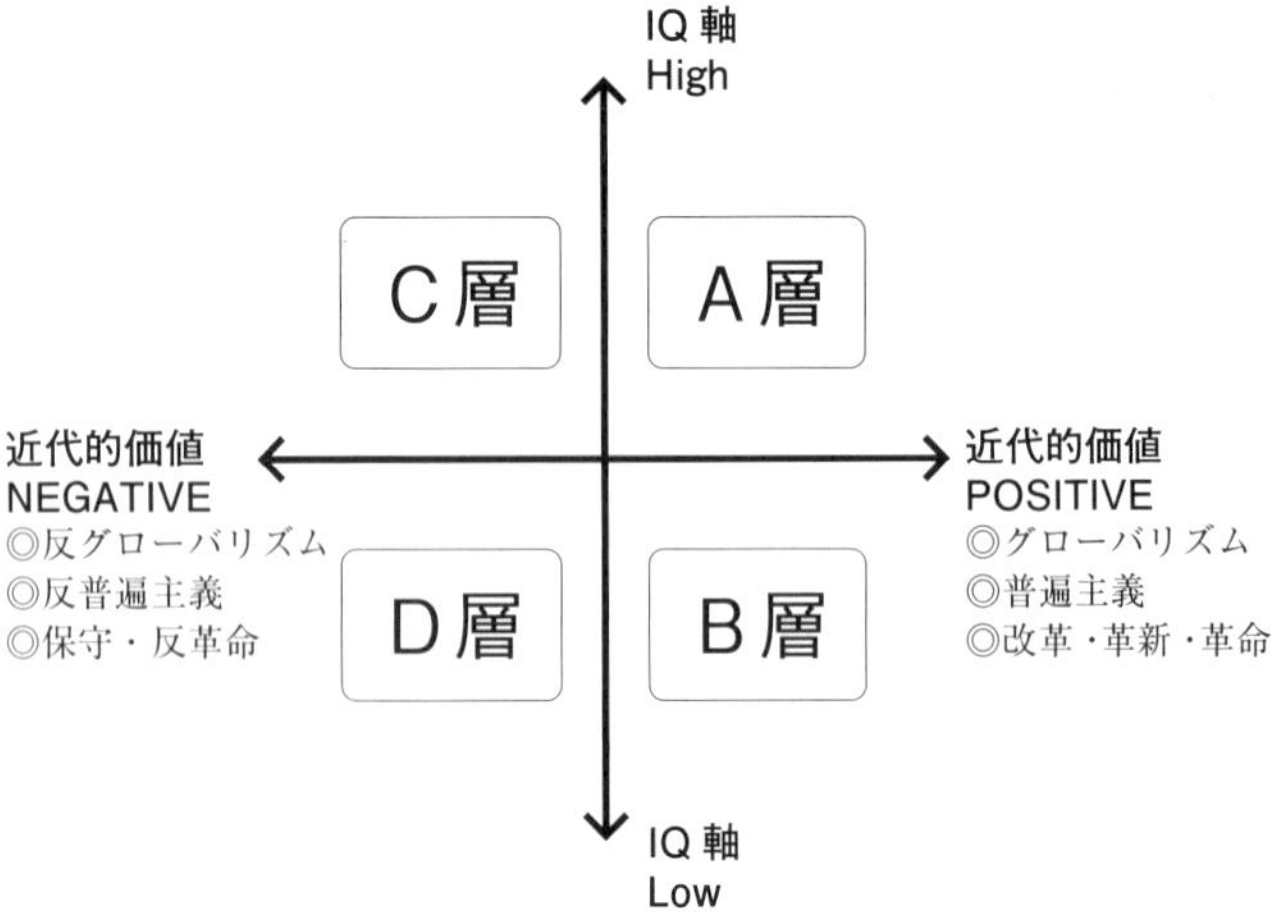

を目指す勢力を左翼と呼ぶなら、B層とは「少し頭の弱いサヨク」と規定できるのかもしれません。

B層は「改革」「変革」「革新」「革命」という言葉が大好きです。「改革」というキーワードがついていれば、なにを改革するかは別として、そのまま誘導されていく。テレビや新聞の報道、政治家や大学教授の言葉を丸ごと信じ、踊らされ、騙されたと憤慨した後に、再び騙されるような人たち。彼らがB層です。

五五年体制とユートピア思想

後年、小泉自民党と同じ手法で選挙をやったのが民主党でした。

「政権交代か否か」「民主党の改革か自民党

の古い体質か」と単純な対立の構図をつくり出し、マスメディアを利用して政権を奪いました。

もっとも、広告会社を使って世論操作を始めたのは小沢一郎のほうが先です。一九九三年に小沢が細川《ほそかわ》連立政権をつくったときには、完全にB層の存在が意識されています。その背後では、テレビ朝日がナチス顔負けのプロパガンダを行い、電通EYEをはじめとする広告会社が動いている（椿《つばき》事件）。

小沢は政治に露骨にポピュリズムを組み込んだ《B層戦犯》です。

あえて陳腐な形に戯画化すれば、五五年体制とは戦後日本社会における本音と建て前を紙芝居みたいな形で国民に提示するシステムでした。もちろん本音を自民党が、建て前を社会党が演じたわけです。社会党の議員といっても頭がおかしいわけではないので（一部を除き）、社会主義を本気で信じていたとは思えません。つまり、彼らは社会党員としての社会的役割を担っていたのであり、同時にそれは五五年体制下における生きる知恵でした。

「建て前と本音を使い分けるのが大人である」という良識が前提として存在したからこそ自民党と社会党の蜜月《みつげつ》関係は成り立ったのです。

自民党から推薦がもらえずに社会党から出馬した議員、自民党員と仲のいい社会党員、本音では自民党を支持している社会党議員はたくさんいた。もっと言えば、日本社会は社会党の存在を必要悪として許容してきました。

つまり、政権をとる可能性のない万年野党の社会党は《B層票》を吸収するセーフティーネットとして機能していたのです。そのうえで、自民党内の派閥が本来の政党の役割を果たしてきた。よって自民党内には保守から極左までが同居していました。

決定的に変わったのは細川連立政権からです。

小沢は社会党員を政権与党に組み込むことにより五五年体制を崩壊させます。もともと自民党内の極左であり、生粋《きっすい》の民主主義者である小沢は、政治に建て前を組み込んだのです。旧社会党員は権力の味を覚え、かつての恥じらい、後ろめたさをかなぐり捨てた。こうして、ヨーロッパを血の海に沈めた《ユートピア思想》《人権思想》など、あらゆる近代イデオロギーが現実政治に組み込まれていくようになります。現在の政治の混乱は、直接的にはここに起因します。

こうしたB層票の構造変化により、B層の顔色を窺《うかが》う《B層政治家》が増え、政治は劣化していったのです。

彼らは、耳当たりのいい言葉を並べて無知な大衆を騙します。テレビ番組に出演して財政的根拠のない減税や福祉政策を唱えたり、流行のトピックに食いついて勇ましい意見を言ったりします。その底の浅さこそが、彼らの最大の武器です。なぜなら彼らの支持層であるB層は、複雑で難解な議論よりわかりやすいキーワードに誘蛾灯《ゆうがとう》のように引き寄せられていくからです。そこでは専門家の意見よりも、B層の共感を呼ぶ意見が尊重される。

こうした動きの中、かつては「B層を騙す側」にいたB層政治家が、B層そのものになりつつある。国防の素人が防衛大臣になり、経済の素人が財務大臣になり、マルチ商法関係者が消費者担当大臣になる。

これこそが、ニーチェが予言した大衆社会の最終的な姿です。

ニーチェが嘆いた大衆社会

政治の世界だけに限りません。

現在、社会のB層化が急激に進んでいます。

こうした社会においては、商品の中心購買層、マスメディアにとって最大のタブーがB層にシフトします。その結果、B層に迎合した低レベルなコンテンツが社会を席巻するようになる。そこで増幅されたB層エネルギーが社会全体を飲み込んでしまった状態、これがB層スパイラルです。

こうしてB層はわが国最大の権力者となりました。

B層は人間の質を表します。

たんなるバカでも貧困層でもありません。

それは、スペインの哲学者オルテガ・イ・ガセット（一八八三～一九五五年）が定義した《大衆》の最終的な姿だと思います。

「大衆」とは特に労働者を意味するものではない。わたしのいう大衆とは一つの社会層を指すのではなく、今日あらゆる社会層の中に現われており、したがって、われわれの時代を代表するとともに、われわれの時代を支配しているような人間の種類あるいは人間のあり方を指しているのである。（『大衆の反逆』／以下オルテガの引用は同書）

したがって、社会を大衆と優れた少数者に分けるのは、社会階級による分類ではなく、人間の種類による分類なのであり、上層階級と下層階級という階級的序列とは一致しえないのである。

大衆は近代の産物です。前近代的な階級的序列が消滅し、伝統的コミュニティが崩壊したことにより、都市部を中心に発生した層です。

彼らは《理念》や《抽象的概念》が大好きです。その一方で、歴史によって培《つちか》われてきた《教養》《中間の知》《手のわざ》を軽視するので、《民主主義》《平等主義》《人権思想》などの近代イデオロギーに直接接合されてしまう。

わが国においてもこの動向は変わりません。

B層社会においては《常識》《良識》《日常生活のしきたり》が廃《すた》れていきます。知が軽視され、無知であることが称揚される。バカがバカであることに恥じらいをもたず、素人が素人であることを誇りに思い、圧倒的自信をもって社会の前面に出ていく。

こうした状況をニーチェは《終末の人間の時代》と呼び、オスヴァルト・シュペングラー（一八八〇〜一九三六年）は《冬の時代》と呼びました。

ホセ・オルテガ・イ・ガセット
（1883〜1955年）哲学者

ヤーコプ・ブルクハルト（一八一八〜一八九七年）は《生活形態の崩壊》に、ハンナ・アレント（一九〇六〜一九七五年）は《中間組織の解体》に、三島由紀夫《みしまゆきお》（一九二五〜一九七〇年）は《生活体系の破壊》にその兆候を見いだします。

理念の前に来るべき《共同体の慣習》《歴史感覚》

が破壊された結果、分断された個人が根無し草のように流されていくようになります。

こうした社会が全体主義（民主主義）に移行するプロセスについては、多くの文明論においてすでに精緻《せいち》に検証されています。だから、すべての責任を政党に押しつけたり、政治家個人の表層的な問題を指摘しても意味がありません。

「国民議会の成立がなぜ恐怖政治に行き着いたのか？」

「ヴァイマル共和政がなぜナチズムを生み出したのか？」

こうした問題と同様、戦後日本社会が生み出した民主党の本質について文明論の視座から検証する必要があります。第二章で述べるように、民主主義はきわめて危険なイデオロギーです。

要するに、民主党そのものよりも日本社会に根強く残る《民主的なもの》こそが問題なのです。

日本人の人生観

わが国のB層社会は、どこに突き進んでいくのでしょうか？

結論から言えば、明るい展望はありません。ソフトランディングを目指すのなら《民主化》の流れを食い止める必要がありますが、近代イデオロギーは擬似宗教なので、あらかじめブレーキが失われています。社会のB層化はますます進行していくはずです。

B層は絶対に反省することがありません。無制限に拡大した権利意識と被害者意識がB層の行動を規定します。郵政選挙で騙され憤慨し、再び民主党のマニフェスト詐欺に騙され失望し、将来にわたり「騙された！」と喚《わめ》き続ける存在がB層です。

より正確に言えば、B層は民主党に騙されたのではありません。騙されたかったのです。

耳当たりのいい理念、《進歩的》なイデオロギーを掲げた集団に盲目的にしがみつきたかったのです。

山本七平《やまもとしちへい》（一九二一～一九九一年）は『日本人の人生観』で次のように述べます。

――――――――――――――――

戦争直後にも「騙された」は流行語だったんですが、私はフィリピンから復員して内地の土を踏み、この言葉を聞いた瞬間、実に変な気持がしたわけです。というのは「騙された」という以上「騙した」人間がいるわけです。とすると、日本を徹底的な敗戦に導いて破滅さすため、全日本人を「騙す」という大陰謀に成功した超人的人間がいたはずなんです。

もちろん、そんな人間は存在しません。

――ですから別に騙されたわけじゃないですね。騙されたとすれば、騙された本人が自分を騙していたわけで、結局騙された人が騙されたかっただけなんだと言うことになります。

B層は何度でも同じ詐欺に引っかかります。DV男やヒモから離れられない女と同じで、別れても別のDV男やヒモを見つけてきます。B層とはそういうものです。

よって、B層を説得、あるいは論破しても無駄です。われわれが行わなければならないのは、B層、B層政治家、B層知識人の生態と行動パターンを分析し、狂気の時代において正気を保つ努力を怠らず、来るべきカタストロフィに備えることだと思います。

アザラシ「あらちゃん」に住民票

B層の急拡大により、あらゆる価値が混乱するようになりました。

一流のものと三流のもの、玄人《くろうと》と素人、プロとアマチュア、男と女、本音と建て前、専門家の意見と床屋政談、すべての境界があやふやになっています。

素人が玄人の仕事に口を出すようになり、誰もが当然その権利をもっていると信じ込んでいる。

服飾評論家が外交問題についてコメントし、半可通《はんかつう》が鮨屋《すしや》で符丁を使い、自称グルメが携帯電話で料理を撮影し事細かに論評を述べる。大物落語家が死ねば、弟子でもないのに「師匠、師匠」と騒ぎ立てる。その落語家の世間に対する怒りと諦《あきら》めが混在したような表情を思い出さざるを得ません。

日本社会は現在狂気に飲み込まれています。

多くの兆候がそれを示しています。

埼玉県志木市は荒川に現れたアザラシ「あらちゃん」に住民票を交付しました。和歌山電《でん》鐵《てつ》の貴志《きし》駅では三毛猫の「たま」が駅長に就任している。佐渡市で放鳥されたトキは新潟大学の学生証を取得しています。

マスメディアはこれを「微笑《ほほえ》ましいニュース」として扱っていますが、近いうちに笑えなくなる状況が来るはずです。動物を擬人化するのは、歴史的に見て全体主義の兆候です。

かつてキリスト教国では動物が裁判にかけられま

ジャン＝ジャック・ルソー
（1712～1778年）哲学者

した。フランスでは南京虫が銃殺刑に処せられます。江戸幕府第五代将軍徳川綱吉《とくがわつなよし》（一六四六〜一七〇九年）は「生類憐《しょうるいあわれ》みの令」を制定し、犬猫だけではなく、鳥や昆虫、しまいには貝の権利まで唱えました。ヨーロッパで最初に動物愛護法を制定したのはナチスです。

こうした狂気はなぜ発生したのか？

一見、ばらばらに見えますが、これらの事例は、ある大きな流れの中で生じています。ジャン＝ジャック・ルソー（一七一二〜一七七八年）は、『人間不平等起源論』で動物は《自然権》（生まれつき備わっている普遍的権利）をもつと言います。

人間は一般に認められているように、本来お互い平等である。それはちょうど、どの種類の動物たちでも、さまざまな物理的な原因によって、そのあるもののなかにわれわれが認めるような変種を引き起こす前には、平等であったのと同じである。

しかし、彼らにそなわっている感性によれば、いくらかはわれわれの自然とかかわりがあるのだから、彼らもまた自然法に加わるべきであり、そして人間は彼らに対してなんらかの種類の義務を負っている、と判断されるだろう。

第二章で詳しく説明しますが、こうした発想の根本にあるのはキリスト教です。動物が《自然権》をもつなら、肉食は許されないし、裁判を受ける権利もあるし、住民票を取得する権利もあるし、新潟大学の学生になる権利もあるというわけです。

菜食主義団体や動物愛護団体がテロ組織化するのは、こうした事情によります。彼らは狂気の集団ではなくて、キリスト教および近代イデオロギーが生み出した《理性的》な集団なのです。

世の中にはくだらないものが溢れています。

そしてその「くだらなさ」には思想史的根拠があります。

青年期のニーチェも世の中の「くだらなさ」に苦しみました。

ニーチェは同時代のドイツ文化に吐き気を覚えていました。

そして「くだらなさ」のルーツを繙《ひもと》いていったのです。

「彼が或る騒々しい賤民的な時代のなかへと投げ入れられて、そういう時代とは一つの鉢からいっしょに食べたくないと思うなら、彼は、飢えと渇きのあまり、あるいは、彼が最後にはそれでもやはり『手を伸ばして取ろうとする』場合には、——吐きけのあまり、とかく破滅しかねない。これが、私の青春の、つまり、飽くことを知らず、憧憬をいだき、孤独を余儀なくされた青春の危険であったのだ」（『生成の無垢』）

私たちは今の時代という鉢の中にあるエサをいつまで食べ続ければいいのでしょうか？

B層コンテンツを吐き気を我慢しながら消費すればいいのでしょうか？

B層政治家の暴走をいつまで放置しておけばいいのでしょうか？

どこにわれわれの敵がいて、どこにわれわれの味方がいるのでしょうか？

ニーチェの大著『ツァラトゥストラ』の冒頭にその答えがあります。

ツァラトゥストラってなに？

ニーチェについて簡単に説明します。

ニーチェは一八四四年にプロイセン（今のドイツ）で生まれました。

幼少期から才覚を示したニーチェは名門のプフォルタ学院に進み、ボン大学で古典文献学の権威フリードリヒ・ヴィルヘルム・リッチュル（一八〇六〜一八七六年）に師事します。

その後、リッチュルの推薦により、二五歳の若さでスイスのバーゼル大学の古典文献学教授になりました。当時のニーチェは博士号も教員資格も取得しておらず、異例中の異例の抜擢でした。つまりニーチェは、世の中から天才として扱われていた。その後、体調を壊したこともあり、大学の教員を辞め、スイスやイタリアを周遊しながら執筆活動を進めていきます。

一八八九年に発狂。一九〇〇年八月に肺炎で亡くなります。

『ツァラトゥストラ』は、この周遊生活の中で書きあげられました。

「ツァラトゥストラ」は、ゾロアスター教の開祖ザラスシュトラ（紀元前一一世紀～紀元前一〇世紀頃）のドイツ語読みです。英語で読むと「ゾロアスター」になります。

しかし、ゾロアスターの思想とニーチェの哲学は関係ありません。

ゾロアスターと『ツァラトゥストラ』の主人公であるツァラトゥストラは別人です。

では、ツァラトゥストラとはなにか？

ニーチェは著書『バイロイトにおけるヴァーグナー』について次のように述べます。

「**読者はあの本にヴァーグナーという語が出て来たら、それをかまわず私の名前か、あるいは『ツァラトゥストラ』という語かに読みかえてしまってよろしい**」（『この人を見よ』）

つまり、ニーチェはツァラトゥストラに自らの哲学を語らせたのです。

『ツァラトゥストラ』の冒頭は物語になっています。後半になるにつれ、物語の要素は薄くなり、ツァラトゥストラが一方的に自分の哲学を語るようになります。

この冒頭の物語は、近代大衆社会およびB層の問題を考えるうえで非常に重要です。

そこでは《終末の人間》が描かれているからです。

《終末の人間》は典型的なB層です。

私なりの抄訳ですが、しばらく『ツァラトゥストラ』の世界にお付き合いください。


ツァラトゥストラは三〇歳になると、故郷を捨てて山に入った。

そして自分の精神と孤独に向き合った。それが一〇年間も続く。

しかし、ついに、彼の心は変わった。

ある日の朝、彼は夜明けの太陽に向かってこう語りかけた。

「太陽よ。もし、あなたが照らすものを持っていなかったら、あなたは幸福と言えるのか？」

太陽は一〇年間、ツァラトゥストラの住居を照らし続けてきた。しかし、もしそこに誰もいなかったら、太陽だって退屈だろうというわけだ。

「わたしもまた自分の知恵に飽きてしまった。まるで蜜を集めすぎたミツバチのように。この能力を人間に贈り与えなければならない」

というわけで、ツァラトゥストラは山を下りることにした。

「わたしは人間たちのところへ、下界へ下りていく」

山を下りる途中で森に入ると、突然、老人の聖者が現れ話しかけてきた。

「いまさら山から下りて、眠っている者どもに対してなにをしようというのか？」

ツァラトゥストラは答えた。

「わたしは人間を愛しています」

老人の聖者が反論する。

「わしは神を愛している。人間を愛することはない。なぜなら、人間は不完全なものだからだ」

ツァラトゥストラは一人になってから、つぶやいた。

「あの聖者は森の中に長年暮らしていたから、《神が死んだ》ことを知らないんだな」

大衆はサル以下である

ツァラトゥストラは久しぶりに会った町の人々に悪態をつきます。


ツァラトゥストラは森からもっとも近い町に到着した。

広場には大勢の人がいた。これから綱渡り師の公演が始まるようだ。

ツァラトゥストラは、さっそく人々に語りかけた。

「あなたたちに《超人《ちょうじん》》について教えましょう。《超人》から見れば、人間なんてサル以下の存在なんですよ。昔、あなたたちはサルでしたが、今ではサル以下です」

ツァラトゥストラはさらに語る。

「《超人》は大地そのものです。大地から離れた希望を信じてはいけません。そして、大地から離れた人の言うことを信じてはいけません。そこには毒があります。大地から離れた人間は、さっさと死ねばいいんです」

「あなたたちも似たようなものです。だから、わたしはあなたたちに《超人》について教える。それにより、あなたたちは《幸福》《理性》《徳》《正義》《同情》といったものを徹底的に軽蔑するようになるのです」

すると、群集の中の一人が叫んだ。

「そんな綱渡りみたいな話、もう聞き飽きたよ!」

群集は、ツァラトゥストラのことをあざ笑いました。

それを聞いていた綱渡り師は、自分のことを言われたのかと勘違いし曲芸にとりかかった。

ツァラトゥストラは、人間を一本の綱に喩《たと》えます。

人間は動物と《超人》の間に張られた危険な綱を渡るべき存在であると。

《超人》とは自らの高貴な感情と意志により行動する人間、健康で力強い人間です。
ツァラトゥストラが愛するのは、今の世の中から離れていく者＝没落していく者です。
くだらないものを、くだらないと拒絶する者です。
人間はもっと高いところを目指さなければならない。
ツァラトゥストラは《綱を渡るべき人間》について具体的に挙げていきます。

今の世の中が肌に合わない人。
今の世の中を軽蔑している人。
空想の世界より大地に身をささげる人。
大地が《超人》のものになるように認識する人。
《超人》のために家を建てる人。
自分の徳を愛する人。
自分から徳の精神になりきろうとする人。
自分の徳を宿命とする人。
あまりに多くの徳をもとうとしない人。
気前がいい人。

博打《ばくち》で儲《もう》けたときに恥じる人。
自分に約束したことを、それ以上に果たす人。
未来の人たちを認め、過去の人たちを救う人。
自分の神を愛するがゆえに、自分の神を責める人。
ささやかな体験によって滅びることのできる人。
魂が豊かな人。
自由な精神をもつ人。
雷《いかずち》を告げる人。
「見なさい。わたしは雷、そして《超人》を告げ知らすものです」

ツァラトゥストラが《高みを目指すべき人間》についてたくさん並べてみたものの、群集にはなんのことやらさっぱりわからない。まあ、当然のような気もしますが……。
そこでツァラトゥストラは、今度は反吐《へど》が出そうな《終末の人間》を例に挙げてみることにしました。

民衆はものごとを理解しない。
彼らに聞く耳をもたせるにはどうしたらいいのだろうか？
太鼓をたたいたり、懺悔《ざんげ》を迫る説教師みたいに、がなり立てればいいのか？
それとも、もっともらしくドモリながら話せばいいのか？
いや、違う。
彼らは自分たちの《教養》を誇りにしている。
それなら、彼らの誇りに向けて話しかけよう。
彼らは軽蔑されることを嫌がっている。
それなら、もっとも軽蔑されるべき《終末の人間》について話そう。

こうしてツァラトゥストラは、民衆に向かって再び語り始めます。

民衆が選んだもの

皆さん、まず自分の目標を定めてください。まだ間に合います。
しかし、いつの日か人間は可能性を失ってしまう。
そして、軽蔑すべき《終末の人間》の時代がやってきます。

「愛とはなにか。創造とはなにか。あこがれとはなにか」などと生ぬるいことを言いだす。

そのとき、大地は小さくなります。

《終末の人間》は虫けら同然です。

《終末の人間》は、ぬくぬくとした場所に逃げ込み、隣人を愛し、からだをこすりつけて生活している。

やたらと用心深くなり、適度に働き、貧しくも豊かにもならない。

支配も服従も望まない。そういうのは、わずらわしいと思っている。

みんなが平等だと信じている。誰もが同じものをほしがり、周囲の人間の感覚と異なると思えば、自分から進んで精神病院に入ろうとする。

ケンカもするけど、すぐに仲直りする。そうしなければ、胃が痛くなるからだ。

一日中、健康に注意しながら、ささやかな快楽で満足する。

これが《終末の人間》です。

ツァラトゥストラがここまで話すと、民衆がニヤニヤしながら叫んだ。

舌打ちをする者もいた。

「オレたちは、そういう《終末の人間》になりたい。オレたちを、そういう《終末の人間》にさせておくれよ！　《超人》はあんたに任せるからさ」

ツァラトゥストラは悲しくなった。

民衆はわたしをバカにして笑っている。笑いながら、わたしを憎んでいる。彼らの笑いの中には氷がある。

わたしは、山の中であまりにも長く暮らしすぎたのだ。

だから、彼らにはわたしの言葉が届かない。


ツァラトゥストラの意図に反して、民衆は《終末の人間》を選んでしまったのです。

ニーチェは自分の言葉が民衆に届かないということを、物語で描いているわけですね。

『ツァラトゥストラ』は一八八三〜八五年に刊行されましたが、そこで描かれた人々はB層そのものです。

民主主義や平等が大好きで、グローバリズムと隣人愛を唱え、健康に注意しながらささやかな快楽で満足する。

自分たちが《合理的》《理性的》《客観的》であることに深く満足している。

こうした軽蔑すべき《終末の人間》の時代を、われわれは生きているのです。

ひとりで生きる人たちのために

ツァラトゥストラは考え込みます。

「わたしはまだ、民衆の心に語りかけることができない……」

ツァラトゥストラは星の光を頼りにして夜道を歩き始めます。


空が白みかけたころ、ツァラトゥストラは深い森の中にいることを知った。

もはや道は見つからなかった。

ツァラトゥストラは森の中で眠り込む。

ツァラトゥストラは長い時間眠った。

朝が過ぎ、そして昼になった。

彼はようやく目を覚まし、立ち上がった。

そして喜びの声をあげた。

一つの新しい真理を発見したからだ。


わたしは悟った。

わたしには道連れが必要なのだ。
自分自身に忠実になった結果、わたしに従うようになる人。
そして、わたしの目的に向かって一緒に進む道連れが必要なんだ。
だから、民衆に話しかけても仕方がない。
わたしは、道連れに向かって語るべきなのだ！
わたしは、畜群《ちくぐん》の牧人や番犬となるべきではない！
それよりも、わたしは民衆や畜群から盗賊と呼ばれたい。
奴らは自分たちを善人だと思っている。自分たちを正しい信仰の持ち主と呼ぶ。
そして、奴らは、奴らの諸価値を破壊する者を憎むのだ。
しかし、それこそが《新しい価値を創造する者》なのである。
彼は道連れを求める。
畜群も信者も求めない。
共に創造し、新しい価値をつくりあげる人を求める。
共に創造し、共に収穫し、共に祝う人をツァラトゥストラは求める。
それ以外は、いらない。

わたしは二度と民衆とは話すまい。
そして仲間に対して語りかけよう。
ひとりで生きる人たちのために、語りかけよう。
これまで聞いたことのないことに対して聞く耳をもつ人たちのために。
わたしは彼らに《超人》への階段のすべてを示す。

バカを論破するのは不可能

要するにバカになにを言っても無駄なのです。

「非学者論に負けず」ということわざがあるように、バカは論破できません。貝に権利を認め、誠実に語りかけても意味がない。なぜなら、彼らは自分の殻《から》に閉じこもっているからです。

ニーチェもツァラトゥストラと同様、民衆に語りかけることを諦めます。

「**私は多年人々と交際してきて、私が心にかけている事柄についてはけっして語らないというほどにまで、諦めるにいたり、慇懃となった。いや、私はそういう仕方でかろうじて人々とともに生きてきたのだ**」(『生成の無垢』)

そしてニーチェは、自分の言葉が届くところに向けて語りかけようとします。

しかし、聞く耳をもった人間はごく少数です。

ニーチェもそれを知っています。

「今日誰もが私の説くことに耳をかさず、誰も私から教えを受けるすべを知らないということは、無理もないというだけでなく、むしろ至極当然のことだと私自身にも思える。（中略）私の著書を読んでもかいもくわからない純なる愚者となると、これは多すぎる！」（『この人を見よ』）

「ああ！　私のツァラトゥストラはまだまだ長い間、読者を捜さねばならないことであろう！」（『この人を見よ』）

今の世の中が肌に合わない人。

今の世の中のどこかがおかしいと感じている人。

今の世の中を深く軽蔑している人。

そういう人はニーチェの言葉に耳を傾けてみるべきでしょう。

第二章　ニーチェの警鐘

大衆とはなにか？

ニーチェは「われわれの時代はいつからロクでもなくなったのか？」という問題を打ち立てます。それを明らかにするためには古代ギリシャやキリスト教、哲学の歴史を検証する必要がありました。

今の時代について考えるときは、過去に学ばなければならない。

そして、私たちの社会が病んでいるとしたら、その病巣《びょうそう》を突き止める必要があります。どことなく体調が悪く、元気が出ない。先行きが見えないどころか、足下さえおぼつかない。日本社会がこうした症状を呈しているのは、病気だからです。

病気を治すためには、適切な治療を行わなければなりません。しかし、間違った処方箋《しょほうせん》によって病状をさらに悪化させ、迷走を深めているのが今の日本の姿です。

「ひとは、治療手段をえらんだと信じつつ、憔悴《しょうすい》をはやめるものをえらぶ。——キリスト教（中略）がそうである、——『進歩』がそうである」（『権力への意志』）

B層は三度の飯より《進歩》が好きです。

そして食あたりを起こして便所でうなっている。

彼らは選択を誤り続ける存在です。

ニーチェは次のように《大衆》を定義します。

「私は、他人のあるとおりにありたいと思うあらゆる人を軽蔑するのだ！（中略）**そうした人は、つねに他の人々のことを考えているのだが、それは、彼らの役に立つためではなくて、彼らの笑いものにならないためなのだ」**（『生成の無垢』）

オルテガの定義も同様です。

大衆とは、善い意味でも悪い意味でも、自分自身に特殊な価値を認めようとはせず、自分は「すべての人」と同じであると感じ、そのことに苦痛を覚えるどころか、他の人々と同一であると感ずることに喜びを見出しているすべての人のことである。

（今日の世界を支配している新しいタイプの人間）、わたしはその人間を大衆人と呼び、その主な特徴は、彼は自分自身凡庸《ぼんよう》であることを自覚しつつ、凡庸たることの権利を主張し、自分より高い次元からの示唆《しさ》に耳をかすことを拒否していることである点を指摘した。

要するに、隣の人と一緒であることに価値の基準を置き、時代の波に流されていくような人たちです。

近代大衆社会においては、価値判断の基準が混乱します。一流のものと三流のもの、玄人と素人、男と女が接近していく。

オルテガはそれを正確に見抜いていました。

> かくして、その本質そのものから特殊な能力が要求され、それが前提となっているはずの知的分野においてさえ、資格のない、資格の与えようのない、また本人の資質からいって当然無資格なえせ知識人がしだいに優勢になりつつあるのである。

> 今日では、大衆は、彼らが喫茶店での話題からえた結論を実社会に強制し、それに法の力を与える権利を持っていると信じているのである。わたしは、多数者が今日ほど直接的に支配権をふるうにいたった時代は、歴史上にかつてなかったのではないかと思う。

近代において《大衆》の支配が始まります。

その延長線上にわが国のB層社会は存在します。

ではその《大衆》を生み出した近代とはなにか？

そこがニーチェ哲学の重要な部分です。

ニーチェは近代の本質をキリスト教の構造に見いだしました。

そこをきちんと確認することにより、わが国でB層が急拡大した理由がわかるようになると思います。


キリスト教は邪教です！


ニーチェはキリスト教を批判しました。

なぜか？

キリスト教は人間の生を否定する宗教だからです。「人類を病に導く邪教」であるからです。

ニーチェは「宗教なんて迷信だ」といった子供じみたことを言ったわけではありません。

宗教といってもいろいろあります。

ニーチェは「キリスト教は病気だ」と言ったのです。

キリスト教の最大の敵は《健康》です。

ニーチェは言います。

「キリスト教は、病める者の怨恨を、健康な者に手向かう、健康に手向かう本能を根拠としている」（『反キリスト者』）

「キリスト教的神概念は（中略）最も腐敗した神概念の一つである」（『反キリスト者』）

しかし、ニーチェは「キリスト教徒を攻撃しろ」と言ったわけではありません。

まったく逆です。

ニーチェは親切なキリスト教徒に親しみを感じていました。

「キリスト教徒の中でも最もまじめな人々は私に対していつも好意を寄せてくれた。私自身も、キリスト教に対する一個の苛酷な敵対者ではあるが、だからといって、数千年の宿命であるものを一個人のせいにして恨むなどということは私には思いもよらぬことである」（『この人を見よ』）

それどころか、ニーチェはイエス（紀元前四年頃〜三〇年頃）を高く評価しています。

「当時のユダヤ教の律法主義を批判した、自由な精神をもった人間」というのが、ニーチェがもつイエス像です。

ニーチェの敵は、イエスではなくて、イエスの教えを歪《ゆが》めたキリスト教会です。

ニーチェは言います。

「人類が、『教会』という概念のうちで、『悦ばしき音信の報知者』がおのれの足下に、おの

れの背後にしたと感じたもの、まさしくそのものを神聖と語ってきたということ——世界史的皮肉のこれにまさる大がかりの形式を探しもとめても無益である——」（『反キリスト者』）

要するに、キリスト教の教えとイエスの教えは正反対だというわけです。

教会は《報復》《罪と罰》《審判》といったイエスの教えにそむく言葉を使い始めます。イエスの教えでは、《神の国》は現実世界で実現されるものでしたが、教会において《約束されるもの》《終末にやってくるもの》にされてしまった。メシア信仰は、イエスが否定したパリサイ派のものでした。

また、《三位一体《さんみいったい》》や《神の子》といった概念も、イエスの教えとまったく関係ありません。

つまり人類は、《教会》の名のもとに、イエスがもっとも嫌っていたものを崇《あが》めてきたわけです。

キリスト教の開祖はパウロ（不明〜六四年頃）です。

ニーチェは言います。

「パウロは救世主をおのれの十字架にかけたのである」（『反キリスト者』）

「彼はキリスト教の昨日を、一昨日を、あっさりと抹殺し、初代キリスト教の歴史を捏造し

た。それどころか、彼はイスラエルの歴史を、それがおのれの事業の前史であるかのように見せかけるために、もういちど改悪した。すべての予言者がパウロの『救世主』について語ったことにされたのである」（『反キリスト者』）

要するに、パウロは《イエスの神話》を悪用し、権力を握るために十字架という象徴を使ったのです。その結果、イエスの教えは姿を消し、残ったのは《最後の審判》《犠牲死》《復活》《不死》といった変なものばかりになってしまった。

こうして教会は、人類の歴史をキリスト教の歴史へと書き換えたのです。

今の世の中がなんだかおかしいのも、遡《さかのぼ》ればここに原因があります。人類の歴史に爆薬が仕掛けられている。

B層の問題とは、すなわちキリスト教の問題なのです。

社会的弱者の負のエネルギー

キリスト教はなぜ世界宗教になったのか？

「ルサンチマン（恨みつらみ）と同情の力を利用したからだ」とニーチェは言います。

キリスト教はすべての弱い者、貧乏人、病人、低劣な者、卑しい者に味方しました。こうして下層民のルサンチマン、現世に対する呪いが、教会に集まって巨大な権力を生み出したわけです。

キリスト教は拡大する過程で、ローマの地下的な礼拝の教義や儀式、迷信、民間信仰を取り込んでいきます。

「キリスト教は、野蛮人を支配するために、野蛮な概念や価値を必要とした」（『反キリスト者』）

こうした意味で、キリスト教と社会主義の構造はまったく同じです。

ニーチェは言います。

「『私が下層民であるなら、おまえもまたそうあるべきである』、こうした論理にもとづいて革命がおこなわれるのである。（中略）おのれの暮らし向きの悪さを他人のせいにしようが、おのれ自身のせいにしようが——前者を社会主義者がやり、後者をたとえばキリスト者がやるのだが——なんら本来的な区別はない。そこに見られる共通な点、品位のない点とも言ってさしつかえないが、それは、おのれが苦しんでいることの責めを誰かが負うべきであるということである」（『偶像の黄昏』）

社会主義の根幹にあるのは復讐の感情です。

「労働者の本能を、楽しみを、満足感を、その卑小な存在でくつがえすところの社会主義者

という賤民、（中略）——これは労働者を嫉妬せしめ、労働者に復讐を教える」（『反キリスト者』）

社会主義者が下品なのは、彼らの《弱さ》《嫉妬》《復讐心》に由来します。

B層はなぜ無知を自慢するのか？

《よい》という言葉と《悪い》という言葉があります。

本来《よい》という言葉は、高貴な人間や力をもつ人間が自分を規定するときに生じたものでした。彼らは自分に備わっている特性を《よい》と呼んだのです。

そこにあるのは、自己肯定の感情、健康的な価値評価です。そこでは、力がないこと、病弱であること、気力がないことが《悪い》とされます。

これを転倒させたのがキリスト教です。

教会は、《よい》と呼ばれてきたものを《悪い》と、《悪い》と呼ばれてきたものを《よい》と言い換えました。

強いこと、自分に誇りをもつことは《悪い》とされ、弱いこと、他人にとって利益があることが《よい》とされるようになります。

しまいには、価値のない人間こそが《よい》ということになってしまった。人類の価値を貶《おとし》めることが《よい》とされるようになった。

ニーチェは言います。

「私はパウロのこのうえなく貴重な言葉を想起する、すなわち『神は世の弱き者を、世の愚なる者を、世の卑しきもの、軽んぜらるる者を選び給へり』（中略）キリスト教こそこれまで人類最大の不幸であった」（『反キリスト者』）

これがキリスト教の核心です。

つまり、弱ければ弱いほど、バカであればバカであるほど、軽く見られていれば軽く見られているほど、神が選んでくれるというわけです。

それで愚か者が権力をもつようになってしまった。

わが国でも定期的にバカブームが発生します。

B層が無知を自慢し、偉大な人物が死んでも「アタシ知らなーい」「誰それ？」などとわざわざネットに書き込むのは、彼らがキリスト教の影響下にあるからです。

キリスト教の本質は反知性主義です。

キリスト教社会においては《高貴な道徳》《人生をよりよく生きること》《優秀であること》《美》《自分を信じること》が徹底的に否定されます。

「キリスト教は大衆のルサンチマンから、私たちに手向かい、地上のすべての高貴なもの、

悦ばしいもの、心高きものに手向かい、私たちの地上の幸福に手向かうその主要な武器を精錬してきた」（『反キリスト者』）

要するにキリスト教は人間を破壊したのです。

人権思想が地獄を生み出す

B層は民主主義が大好きです。

それどころか、絶対的な正義だと思い込んでいる。学校でそう教わったからです。

B層は民主主義を否定すると憤慨します。

彼らは《民主教》の信者だからです。

骨の髄まで洗脳されているからです。

小泉自民党政権から民主党政権に至るまで、近年繰り広げられてきたのは「民主化運動」と言っていいでしょう。「官から民へ」「民意を問う」「国民の審判をあおぐ」「民主主義の原点に戻る」といった言葉が政界に氾濫《はんらん》してきました。

革命を牽引《けんいん》してきたのは小沢一郎です。

小沢は、金権政治家、権力の亡者などと批判されてきましたが、一番の問題は彼が生粋《きっすい》の民主主義者であることです。

二〇〇九年一月の民主党定期大会では次のように述べています。

私たち民主党の実現目標は、明確であります。第一に、「国民の、国民による、国民のための政治」を実現する。単純な言い方ではありますが、それが民主主義の原点でありま す。その当たり前のことが、日本では行われてきませんでした。それこそが、今日、政治、経済、社会の混迷を招いた最大の原因であります。

しかしニーチェなら、政治家が《民意》を尊重し《民主主義の原点》に戻ろうとしたことが、政治、経済、社会の混迷を招いた最大の原因であると言うでしょう。

政治家がやるべきことは《民意》から距離を置き、《民主主義の原点》から国家・社会・共同体を守ることです。

古代から連綿と続く人類の知の伝統は次のように教えます。

《民意》を強調する政治家を警戒せよと。

小沢一郎
（1942年〜）政治家

まともな哲学者・思想家は、例外なく民主主義を否定しています。

人類の知性は、民主主義と戦い続けてきたのです。

民主主義は、一八世紀に発生したキリスト教カルトです。

ニーチェは、民主主義がキリスト教を換骨奪胎《かんこつだったい》したものであり、人類の弱体化を目指す宗教であることを見抜いていました。

「すなわち民主主義的運動は、キリスト教の運動の継承にほかならないのだ」（『善悪の彼岸』）

「民主主義は自然化されたキリスト教である」（『権力への意志』）

民主主義は、「一人一人が完全に平等である」という妄想で成り立っています。

社会に貢献する人も社会に害を与える人も同じ権利をもちます。

これは絶対存在である《神》を想定しないと出てこない発想です。民主主義や社会主義の根本にある平等主義は、《神》との距離における平等なのです。

ニーチェは言います。

「気のふれた概念が、現代精神の血肉のうちへとはるかに深く遺伝された。それは、『神の前での霊魂の平等』という概念である。この概念のうちには平等権のあらゆる理論の原型が

あたえられている。人類はこの平等の原理をまず宗教的語調で口ごもることを教えられたが、のちには人類のために道徳がこの原理からでっちあげられた」（『権力への意志』）

要するに、キリスト教の《神》は、民主主義や平等主義といったイデオロギーに姿を変えて、世界を支配していたわけです。ニーチェは《神》の引っ越し先を暴《あば》きました。

民主主義の本質は反知性主義

ニーチェは、ルソーが《民主教》の教祖であることを見抜いていました。

「**彼は、社会と文明とに呪詛を投げつけうるために、神を必要としたのである**」（『権力への意志』）

孤児であり、まともな教育を受けていないルソーは、人類の歴史に深い憎しみを抱いていました。彼は文明社会に適応できず、不健康な妄想を膨《ふく》らませていきます。極度のマゾヒストで露出狂だったルソーは、知的障害者を狙ってレイプを繰り返し、生まれた子供は捨てました。このルソーの狂気が《一般意志》（公的な人民の意志の総体）という人類の歴史を破壊する原理を生み出したのです。

ルソーはキリスト教と《自然権》をベースに《一般意志》をつくりあげます。

革命のイデオローグたちは、民族の歴史・民族の法を否定し、《一般意志》により「新しい権力機構」を設計すべきだと説きました。《法の支配》は伝統や慣習、先例に基づきますが、法の根拠を《一般意志》に置き換えた結果、歴史に対する責任が失われたわけです。

民主主義の根底にあるのはルソーの《一般意志》であり、キリスト教です。

キリスト教は、民族の歴史、あらゆる固有の価値を否定し、あらゆる弱者、病人、下層民の味方となりました。その結果、《神》はグローバリストになった。

民主主義も同じ理由で世界に広まります。

ニーチェは言います。

「多数者が主となったのである、キリスト教的本能の民主主義が勝利をしめたのである……キリスト教は『国民的』ではなかった、種族に条件づけられたものではなかった——それは、生から勘当されたあらゆる種類のものにすがり、いたるところにおのれの同盟者をもった」（『反キリスト者』）

民主主義の運動は単に政治的機構が腐り果てただけではなく、人間そのものがダメになり、卑小になり、凡庸になったことを示しているとニーチェは言います。

西欧近代の歴史は、キリスト教カルトである民主主義の暴走と、それに対して国家・社会・共同体を守ろうとした諸民族の抵抗の歴史と読み取ることもできます。そして敗戦後も、一貫して《民主教》に侵食され、病み、正気を失ってきたのが現代日本の姿です。

いつから人は平等になったのか？

人間は平等ではありません。

生まれつき《人権》などもっているわけがありません。

上等な人間と下等な人間が共存しているのが普通の社会です。

平等主義とは、偉大な人間を《神》の名において抑圧し、価値のない人間をもちあげるシステムです。それは現実社会を破壊するためのイデオロギーにすぎません。

すべてをフラットにしてしまう。

やはり差別というのは大事なことだと思います。

ブロイラーのように個体差を認めないから、差別を許容できなくなる。差別をなくそうとする運動が、暴力と文明の破壊につながるというカラクリにB層は気づくことはありません。

ニーチェは、ダメな人間たちが《神の前の平等》を武器にしてヨーロッパを支配してきたと言います。

その結果、「善良で病弱で凡庸な」人々が大手を振って歩くようになる。

《神の前の平等》という概念により、弱い人間の防御手段が価値の基準となり《強い人間の全傾向》が悪評をこうむったのです。

キリスト教はこうして人類を家畜の群れにしました。

ニーチェは言います。

「私が憎悪するのは、そのルソー的道徳性である――（中略）平等の教え！ ……しかしこれ以上の有毒な毒は全然ない。平等の教えは正義について説いたかにみえるのに、それは正義の終末であるからである。……『等しき者には等しきものを、等しからざる者には等しからざるものを』――これこそが正義の真の言葉であるべきだろう」（『偶像の黄昏』）

等しくないものが等しくなること。

これが近代大衆社会およびB層社会の最大の特徴です。

B層は《格差》に敏感です。

なにかことがあれば、「格差社会の到来だ！」などと騒ぎ立てます。

経済格差問題、世代間格差問題、南北格差問題といった議論の根底にあるのは「格差はないほうがいい」という発想です。

しかし、人間社会は格差により成り立っているのです。

ルソーの呪いを現実世界にもち込んだのは、ジャコバン派の指導者マクシミリアン・ロベスピエール（一七五八～一七九四年）です。母親が死んだ後、父親に捨てられたロベスピエールは、人間嫌いをつのらせ、ルソー教徒となります。やがて《人権派》弁護士から政治家に転じ、一七八九年七月一四日に発生したフランス革命の混乱に乗じて権力を握ります。

ロベスピエールが、《自然権》《一般意志》といった「気のふれた概念」を現実世界に組み込んだことにより、王権や特権は一気に解体され、社会は混乱に陥ります。

ロベスピエールは自由の名のもとに自由を抑圧します。

さらには、反対勢力だけではなく仲間まで次々とギロチン台に送り込む。

重要なのは、ロベスピエールが暴走したのではないことです。彼らは、確固とした道徳思想および人権思想により、理性的に大量粛清を行ったのです。

マクシミリアン・ロベスピエール
（1758～1794年）政治家

アドルフ・ヒトラー（一八八九～一九四五年）、ヨシフ・スターリン（一八七九～一九五三年）、毛《もう》沢東《たくとう》（一八九三～一九七六年）、ポル・ポト（一九二八～一九九八年）もそうですが、民族の歴史から切り離され、超越的な理念により支えられた政体は必然的に恐怖政治にたどり着きます。「大地から離れた人」の言うことを信じてはいけない。

歴史はそれを証明しています。

復古主義と国家主義の本質

B層は特殊な思考回路をもっています。

近代イデオロギーの信者であるからです。

それで大きな勘違いをしていたりする。

たとえば復古主義者や国家主義者が「保守」とされていたり。

復古主義の本質は理想主義です。過去に理想郷を求めるので、発想は社会主義者に近い。

近代の超克と言ったときに、過去を美化して自己満足するのが復古主義者の限界です。

「近代の問題は近代において処理せざるを得ない」とニーチェは言います。

「すなわち、今日でもまだ、あらゆる事物のあとずさりを目標として夢みている政党があるのである。（中略）そんなことをしても何の役にも立たない、人は前方へと、言ってよいなら一歩一歩デカダンスにおいて前進せざるをえないのである」（『偶像の黄昏』）

　これが近代の宿命です。

また、国家主義はキリスト教から派生したイデオロギーです。近代的諸価値の要請により支えられた国家と、伝統的共同体の価値観は必ずしも一致しません。西欧の教養人、保守層が国家に対して警戒を怠らないのはそのためです。

一方、社会主義と国家主義の親和性は高い。歴史的に見ても、社会主義者の多くはナショナリストです。

ニーチェは言います。

「**一般に、社会主義の傾向や国家主義の傾向は、個性的となることに対する一つの反動である**」（『生成の無垢』）

オルテガもまた国家の肥大に警鐘《けいしょう》を鳴らします。

> 今日、文明を脅かしている最大の危険はこれ、つまり生の国有化、あらゆるものに対する国家の介入、国家による社会的自発性の吸収である。すなわち、人間の運命を究極的に担い、養い、押し進めてゆくあの歴史的自発性の抹殺である。

> 大衆支配の下にあっては、国家が個人と集団の自由を踏みにじり、ついには未来の息の根を決定的にとめてしまうような働きをすることをどうして怖れずにいられようか。

社会主義も国家主義も、その根本はキリスト教です。

教養人はそのいかがわしい本性を見抜きます。

社会主義者の精神構造

キリスト教は《あの世》を利用して《この世》を支配するシステムです。

実はこれは古代ギリシャの哲学者プラトン（紀元前四二七年頃〜紀元前三四七年頃）が発明した伝統的な詐欺のトリックです。

プラトンは「生成変化する物質界の背後には、永遠不変の《イデア》という真の存在がある」と考えます。

このカラクリをつかって僧侶たちは権力を握ったのです。

現実世界の背後に《真の世界》が存在するというカラクリです。

パウロは《不死の信仰》《地獄》《あの世》というキーワードを使えば《現実世界》をつぶすことができることに気づいてしまった。

だから、ニーチェはプラトンの哲学を「高等詐欺」と呼んだのです。

「**しかも、いまなお『教会』という概念のうちに、教会の構造、組織、実践のうちに、どれほど多くのプラトンがあることか！**」（『偶像の黄昏』）

社会主義者の精神構造も同じです。

社会主義者は空想上の場所に《理想社会》を描き、そこから《現実社会》を批判するわけです。

社会主義や共産主義はキリスト教そのものです。

ニーチェは言います。

「同じく社会主義的・共産主義的腐敗をも（これはキリスト教的腐敗の一つの帰結――自然科学的には社会主義者たちが構想する最高の社会概念は社会の階序においては最低のものである）。『彼岸』を立てる腐敗。これは、あたかも、現実の世界、生成の世界の外に、存在するものの世界があるかのごとくみなす」（『権力への意志』）

プラトン
（B.C.427年頃～B.C.347年頃）哲学者

客観的という嘘

B層は《客観的》な意見が大好きです。

《客観的》に物事を考え、《理性的》に判断を下せばすべてが解決すると思っています。

そこがB層の限界です。

一方、ニーチェは《客観的》な視点など存在しないと言います。

そして「どうすれば客観的に判断できるのか？」

という問題そのものを哲学から取り除きました。

《真理》は《パースペクティブ》に基づくからです。

簡単に言えば、認識者の視点により《世界》は異なります。人間は目や耳や鼻などの器官をつかって《世界》を認識しています。認識の過程においては、感覚刺激が電気信号および化学信号により脳に伝達され、さらにそこでイメージに転換されます。

そして、それが言語化されることにより概念が生まれ、やっと《世界》が発生する。

ここで注意していただきたいのは、《世界》と括弧《カッコ》に入れていることです。

つまり、《世界》という実体を人間が解釈しているのではなくて、人間が解釈したものが《世界》であるということです。

生物は生きていくのに有利になるように《世界》を解釈します。そこにあるのが生に対する《保存・生長の欲望》です。

これをニーチェは《権力への意志》と呼びます。

ニーチェは言います。

「また、論理的な虚構を承認することなしには、絶対的なもの・自己同一的なものという純然たる仮構の世界を手がかりにして現実を測ることなしには、数によって不断に世界を偽造することなしには、人間は生きることができないだろう」（『善悪の彼岸』）

つまり、《世界》とは人間が生きていくための《虚構》であるということです。

感覚器官が異なれば《世界》も異なります。

素朴な人は、人間も動物も昆虫も、同じ《世界》に住んでいると考えています。

さらに、人間は動物よりも正確に《世界》を認識できると思っている。

これは、人間特有の逆転した世界観です。

昆虫は昆虫の《世界》に住んでいるのであり、人間の《世界》に住んでいるわけではありません。

ニーチェは言います。

「**事実なるものはなく、あるのはただ解釈のみ**」（『権力への意志』）

「**世界は無限に解釈可能である。あらゆる解釈が、生の徴候であるか没落の徴候であるかなのである**」（『権力への意志』）

こうして、ニーチェは《真理》に関する考え方を根底からひっくり返しました。

《神》の普遍性、およびそこから派生したイデオロギーが無効であることを哲学的に明らかにしたわけです。

神とはなにか?

ニーチェは単純な無神論者ではありません。

「私は、多くの種類の神々があることを疑うことはできない」(『権力への意志』)

「私たちが袂《たもと》を分かつゆえんは、歴史のうちにも、自然のうちにも、自然の背後にも、私たちがなんらの神を見つけださないからではない」(『反キリスト者』)

ニーチェが批判しているのは、《神》ではなくて、《神として崇《あが》められていたもの》です。

それは教会が生み出した《人工の神》です。

自然や大地、民族、固有の歴史から切断された《不健康な神》です。

《健康な神》は民族の神です。

それは《民族の価値》を投影したものです。

自分自身を信じている民族は自分たちの神をもつとニーチェは言います。

民族は、自分たちの成功、運命、季節が巡ってくること、農業や牧畜の成功などを《神》に感謝し、自分たちの生長と健康を祝いました。

そこにあるのは自己肯定の感情です。

また、先祖に対する畏敬の念と恐怖もそこに含まれる。

これは、とても健康的な感情です。

宗教はその範囲内においては《感謝の一形式》なのです。

「祭祀《さいし》のうちには民族の自己肯定のこうした両面が表現されている。すなわち、それは、その民族を優勢にした大いなる運命に対する感謝であり、四季の循環や畜産農耕におけるすべての幸運と関係する感謝である」（『反キリスト者』）

だから、健康な民族は《健康な神》をもつのです。

こうした《民族の神》もフィクションです。

やはり「神は死んだ」のです。

しかし、それは《健康な嘘《うそ》》であり、民族がよりよく生き抜くための技術なのです。

民族が落ちぶれるとき

キリスト教の価値観に洗脳されることにより、《民族の神》は落ちぶれます。

健康な民族は、民族の生を阻害する《外国の神》を追放します。こうした気概が失われたとき、《神概念》は内側から改変され、民族は没落します。

ニーチェは言います。

「民族は、おのれの義務を義務概念一般と取りちがえるとき、徹底的に没落する」（『反キリスト者』）

こうして日本の《神》も姿を消してしまった。

《神》の腐敗は政治の腐敗をもたらします。

「多数者の特権」に寄せる信仰と、それを利用するデマゴーグが《民主主義革命》を引き起こすのです。

偉大な政治家は引きずり下ろされ、「屈服者の徳」を保存条件として意識した政治家が実権を握るようになる。

その病理はたとえば裁判員制度のような形で現れます。

司法を民主化してはならないのは法理学の常識です。民意によって恣意的《しいてき》な判断が下されると、遵法意識そのものが消滅してしまう。だからこそ、過去の判例を参照する専門家が必要になる。

しかし、そこに、国民の日常感覚を反映させるべきだというのが、B層社会の発想です。

ニーチェは『マヌ法典』を分析した上で、「厳重に篩《ふるい》にかけられた巨大な経験」により法は証明されると言います。

民族はある時点まで発展すると、過去と未来を見据えることのできる階層、きちんとした目をもった階層が、「経験の時代、実験の時代が終焉《しゅうえん》した」と宣言する。

社会は成熟するにつれ、安定期に入ります。「巨大な経験」により証明された生から、さらに意識的なものが斥《しりぞ》けられ、民族は無意識になります。

いわば《脱人称化》が行われることにより法の正統性は担保されるのです。

ニーチェは言います。

「[国家制度は]すなわち、伝統への、権威への、向こう数千年間の責任への、未来にも過去にも無限にわたる世代連鎖の連帯性への意志がなければならないのである」（『偶像の黄昏』）

法の根拠は民族の歴史にしか存在しないのであり《一般意志》ではありません。

裁判に《民意》を反映させることは、宗教的迷妄の時代への退行です。

過去の事例を参照しなければならないのは裁判官だけではない。国家に責任を負う者は、プロフェッショナル、専門家、職人であるべきです。

こうしたニーチェの《保守思想家》の側面は重要です。

『１９８４年』の世界

わが国にも「民主主義には寛容の精神がある」「民主主義は少数意見を尊重する」などと言う人がいます。

バカなんでしょうか？

民主主義に一番たりないのは寛容の精神と少数意見の尊重です。

ジョージ・オーウェル（一九〇三〜一九五〇年）は近未来小説『1984年』で全体主義社会を描いています。

そこに登場する人工言語「ニュースピーク」は、イデオロギーの実体を隠蔽《いんぺい》します。その中の「B語彙《ごい》群」は、「強制収容所」を「歓喜キャンプ」などと正反対に言い換える。

キリスト教も同様です。

《裁くな》と言いながら《すべてを裁く》。《愛》を説きながら《呪い》をばらまく。《平和》を唱えながら《戦争》を仕掛ける。

ニーチェは言います。

「**ヨーロッパ人の性格描写、すなわち、言葉と実行との間の矛盾。（中略）どのようにヨーロッパ人が植民地を建設したかが、ヨーロッパ人の猛獣的本性を証明している**」（『生成の無垢』）

B層社会においても、《人間を破壊する原理》が《人類の理想》として崇められます。人権派が人間の権利を抑圧し、新自由主義者が自由の本質を攻撃する。

「B語彙群」とはまさに「B層の語彙群」なのです。

正しい格差社会へ

ニーチェは健康な社会は、たがいに制約し合いながら三つの類型に分かれると言います。

第一のものは《精選された者》です。彼ら《最上層階級》は《高貴なる者》として《最少数者》の特権をもつ。

第二のものは、《権利の守護者》《高貴な戦士》《審判者》といった第一のものに仕えるものです。

第三のものは《凡庸な者》《大多数者》です。

こうした階級の秩序は、恣意的なものではなく「生自身の至高の法則を定式化したもの」であるとニーチェは言います。

こうした考え方は、平等主義が浸透しているB層社会においては受け入れられないでしょう。しかし、ニーチェに言わせれば不平等こそが正義なのです。

「**権利の不平等こそ、総じて権利があることの条件である。――権利は特権である。各人はおのれの流儀の存在のうちにおのれの特権をもっている**」（『反キリスト者』）

権利は抽象的な概念ではなく、現実世界において個々に所属するものです。

こうした「正しい格差社会」においては、《凡庸な者》が軽視されることはありません。《例外的人間》が《凡庸な者》を大切に扱うのは義務であるとニーチェは言います。高い文化はピラミッドのようなものであり、それは広い地盤のうえにのみ築かれるからです。《凡庸な者》にとっては、凡庸であることが一つの幸福なのです。

彼らは、ほどほどの能力とほどほどの欲望によって成り立っている。

しかし、B層社会においては、《凡庸な者》《大いなる素人》が圧倒的な自信をもって、ピラミッドをよじ登っていく。

キリスト教本能が世界中に拡散した結果です。

そして職業的詐欺師たちが《凡庸な者》を唆《そその》かす。

「靴屋や教師が、本来なら自分はもっとましなことをやるために生まれついたのだと、そういう顔をしているのを見るのは痛ましいことだ」（『権力への意志』）

近代的理念により、「その気になってしまった」のがB層です。

次章では、B層社会における文化の問題について論じます。

第三章　B層グルメとBポップ

B層が聴く《Bポップ》

ポップスは駄菓子と同じです。

ポップスが駄菓子だと言っているだけで駄菓子を否定しているわけではありません。タコ焼きだって旨《うま》い。

問題はいいタコ焼きと悪いタコ焼きがあることです。

数年前に話題になったスーザン・ボイルは、どう考えても悪いタコ焼きでしょう。歌はただの素人ですし、あまり表に出してはいけない人です。

実際、ロンドンのヒースロー空港でモップを振り回して卑猥《ひわい》な言葉を叫ぶという事件を起こしています。

二〇〇九年の『NHK紅白歌合戦』では、この素人に「夢破れて」という曲を歌わせて五〇〇万円のギャラを支払ったそうです。NHKのプロデューサーは鼓膜《こまく》が破れているのでしょうか。

Jポップもピンキリです。

レベルの高いタコ焼きもあれば、生ゴミに近いものもある。

そこで私は《Bポップ》というジャンルを提唱いたします。

《Bポップ》とは、B層が聴くポップスです。

《Bポップ》の最大の特徴は、音楽そのものよりも、別の要素が重視されることです。

容姿や生い立ち、スカートの短さ……。

その中でも重要なのが《病気》です。

病んでいるものがもてはやされるのが近代の兆候です。

B層は病気の話が大好きです。少しでも暇があれば病気自慢が始まります。自分の病気を自慢し、他人の病気に口出しをする。偉大なものを排除し《病》を讃《たた》えるのがB層社会です。

ニーチェは言います。

「**天候に関し、病気に関し、また善意に関しては、誰でもが、口出しできると信じている。それは知的な卑俗さのしるしである**」(『生成の無垢』)

また、B層は同情が大好きです。

それにより、薄汚い自尊心と優越感を満足させることができるからです。

「**同情は特有の厚顔無恥ぶりを伴う**」(『人間的、あまりに人間的』)

「**同情深い、不幸のさいはいつでも人助けを好むような性質の人々が、同時によろこびを共にする人々であることはまれである、他人が幸福なときには、彼らはなにもすることがな**

く、余計者であり、自分たちが優越を保っているとは感じられず、それゆえにすぐ不満の色をみせる」(『人間的、あまりに人間的』)

B層社会では健康的であることは評価されません。

ミック・ジャガーなどジョギングしているだけで批判される始末です。

病人の奏《かな》でる音楽、病人が書いた小説、病人が描いた絵画が高く評価される。「病んでいる人を見ると元気が出る」「明日を生きる勇気を与えてもらった」というわけです。

たとえば綾戸智恵《あやどちえ》という人がいます。

以前テレビ番組で「日本を代表するジャズミュージシャン」と紹介されていて度肝《どぎも》を抜かれたのを覚えています。

一体、いつから日本を代表するようになったのでしょうか?

政治の世界もそうですが、代表になってはいけないような人が代表になるのがB層社会です。

知人曰《いわ》く「綾戸智恵は、離婚したりガンになったりして、一時期声が出なくなったらしい。それを乗り越えて今に至るという物語がある。日本人はそういうのが好きでしょう」とのこと。

たしかにB層は「お涙ちょうだい的な物語」「五体不満足や筆談ホステスみたいなもの」

が大好きです。

「病気から復帰系」だと徳永英明《とくながひであき》や絢香《あやか》なども挙げられます。X JAPANのYOSHIKIも、こまめにヘルニアや腱鞘炎《けんしょうえん》になるところがB層にはたまらないのでしょう。大江光《おおえひかり》のようなプロデュースのされ方もそうです。

夭折《ようせつ》が理由で評価されるのも典型的な《Bポップ》です。

たとえば、ジャニス・ジョプリンは「ドラッグで変死」という形でおどろおどろしく演出されます。

死後に発売された『パール』は不朽《ふきゅう》の名盤と呼ばれていますが、彼女の死因が糖尿病だったら、その存在は忘れられていたかもしれません。バンドの演奏も高校生に毛が生えたくらいですし。ジャニスは、高校時代にブスコンテストに出て一等賞になっています。そのコンプレックスとルサンチマンが勘違い系のブルースに結実したのだと思います。

カート・コバーンも猟銃自殺ではなくてお汁粉を食べている最中に餅《もち》を喉《のど》に詰まらせて死んでいたら伝説にはならなかったでしょう。

A層の商売人は、ミュージシャンの《死》や《病》を利用して、陳腐なドラマをつくり、B層を引っかけるわけですね。『二四時間テレビ』のマラソンと同じで、A層がB層向けの《感動》を量産する。

だから、綾戸智恵とスーザン・ボイル、『二四時間テレビ』は同じ構造です。

周囲が泣いているから、一緒に泣いたりするんだけど、冷静になったらどうして泣いていたのかわからなくなる。

これはB層社会において顕著に見られる現象であり、《大衆》の定義そのものです。

「夭折が美しい」というのは病んだ文化です。老骨に鞭《むち》打ってルーティンの仕事をこなし、社会の歯車として働いているミック・ジャガーのほうが本当は立派なのです。

総理大臣の教養

B層社会においては無知であることが称揚されます。

こうした中で、政治家も総じてバカになっています。

前総理の菅直人《かんなおと》はまともな本はほとんど読んでいません。

妻の菅伸子《のぶこ》は、著書『あなたが総理になって、いったい日本の何が変わるの』で次のように述べます。

「菅は、英語は苦手です。中学・高校でも、英語は平均点くらいしかとれなかったそうです。興味がなかったみたい」

「学校の授業での英語は、単語とか文法を覚えなければならない。それが苦手なようです」

「だいたい、外国への憧れがない人です」

菅はシェイクスピアなどの文学作品には一切興味を示さず、対人関係においては「用件のみ主義」で挨拶《あいさつ》が普通にできないらしい。

「ようするに、態度というか、お行儀が悪い」

「とにかく、菅は自分のしたいことがいっぱいあるので、自分の子であっても、他人のことにまで気がまわらないし、目がまわらないし、手もまわらない」

菅は気が短く、他人との意思疎通ができずに、キレて怒鳴り散らしたり、モノを投げたりします。

あるとき、周囲の人間が菅に大福を与えるとおとなしくなることに気づき、それ以降、菅の行く先々には大福が用意されるようになったそうです。

「これは（血糖値が上がったのは）、最初に代表をしていた頃、『イラ菅』になりそうな時は、大好きなアンコものを食べさせればよいらしいと、まわりの人が気づいて、一日に三つも四つも大福を食べさせたからなんです」

菅の趣味は飲酒だけです。

ゲーテは政治家に必要なものは、まず教養だと言います。

だから、君主や未来の政治家は、いかに多面的な教養を身につけていても十分すぎるということはない。すなわち多面的であることが、その人の職業なのだから。（エッカーマン『ゲーテとの対話』／以下ゲーテの引用は同書）

わが国最大の悲劇は総理大臣の教養がゼロであることでした。

ニーチェは言います。

「**教養とは必ずしも概念的な教養のことではなくて、なかんずく、直観し正しく選択する教養のことである。それは、音楽家が暗がりのなかで正しく演奏するようなものだ**」（『生成の無垢』）

暗い場所どころか、明るい場所でもまともな選択ができない。優れたものに対する欲求そのものが社会から失われているからです。

なにを読めばいいのか？

こうした狂気の時代に、私たちはなにを読めばいいのか？

まずはヨハン・エッカーマン（一七九二〜一八五四年）の『ゲーテとの対話』を読むべきです。これはゲーテの晩年の弟子であるエッカーマンがその宝石のような言葉を残しておいたものです。岩波文庫で三冊組みで出ていますので、それを買って読んでおきましょう。時間がない方は、『ゲーテに学ぶ賢者の知恵』（適菜収編）を読んでください。ゲーテの言葉を分類し、短い解説をつけております。

ニーチェも『ゲーテとの対話』を薦めます。

「この世紀のもので後世に残るであろう書物、（中略）**――私が考えているのは、セント・ヘレナ島における［ナポレオンの］回想録とゲーテのエッケルマンとの対話とである」**（『生成の無垢』）

J・W・V・ゲーテ
（1749～1832年）作家・政治家

「エッケルマンを読み、自問してみよ、かつて或《あ》る人間が、ドイツにおいて、一つの高貴な形式という点でこれほど遠くへ達したことがあるかどうかを。（中略）**私たちはゲーテを飛び越しうるなどとはなんとしても全然信ずべきではなく、むしろ、彼のやったとおりに、再三再四やってみなければならない」**（『生成の無垢』）

正気を保つためにはゲーテを読むべきで

す。そしてゲーテがやったことを再三再四繰り返すことです。なぜならゲーテは、西欧の教養を一身に背負っているからです。

そのゲーテは「古典を読め」と言います。

——偉大な先人と交わりたいという欲求こそ、高度な素質のある証拠なのだ。モリエールやシェークスピアに学ぶのもいい。でもなによりもまず、古代ギリシャ人に学ぶべきだ。

ニーチェはゲーテの価値観を肯定します。

「たしかに、偉大な先行者たちと交わりたいという欲求は或る高次の資質のしるしではあるが、同様に、ならず者はもちろんあくまでならず者であるという、また、卑小な本性の持ち主は古代的心術の偉大さと毎日すら交わったところで少しも偉大になりはしないというゲーテの主張は、きわめて正しい」（『生成の無垢』）

ならず者はいつまでたってもならず者だし、B層はいつまでたってもB層です。

そして「卑小な本性の持ち主」は病んだ古典を引っ張り出してくる。

人類に害を与える古典は山ほどあります。

古典に精通した知識人と呼ばれる詐欺師も多い。

宗教的負債を知の遺産と勘違いして背負い込み、身動きがとれなくなっているのが現在の社会です。

ニーチェの読書論

ニーチェは「作家には偉大さが必要だ」と言います。

そして偉大な作家は現在ほとんど消滅しています。

ニーチェは嘆きます。

「崇高なものの確保！　なんらかの英雄的な力を呼吸している書物が、現代においてはなんと異常に欠如していることか！　――プルタルコスすらもはや読まれていないのだ！」（『生成の無垢』）

新渡戸稲造
（1862～1933年）教育者

プルタルコス（四六年頃～一二七年頃）は、帝政ローマのギリシャ人作家です。主著の『対比列伝』は単独伝記四編と、古代ギリシャと古代ローマの人物を対比した二二編からなります。

教育者の新渡戸稲造《にとべいなぞう》（一八六二～一九三三年）も熱心にプルタルコスを薦めます。

特に齢《とし》の若い人にはこのプルタークをお奨めしたい。

いわゆる老練家《ろうれんか》というような人は「プルタークなんか読んで」と笑う人がいるかもしれないが、それを読むと血が湧《わ》くような気がする。

なんだかじっとしていられない。

それこそ、椅子《いす》を叩いて立ちたいというような気がする。

そこに彼の薬が利《き》いているのである。

それを読むと、カフェなんかに行ってでらでらしていられなくなってくる。

とにかく、青年をカフェから引き出すというような力は、偉大なものではないか。

それは、あの中のどの豪傑《ごうけつ》の伝《でん》を見ても、じっと見ているると「こんなところにいられるか」といったような気がしてカフェを飛び出す。

それであるから、為政家《いせいか》はプルタークの伝が流行り出すと用心しなくてはならないという。

(中略)

(適菜収『世界一退屈な授業』)

私は読書時間の半分は古典にあてるべきだと思っています。

古典は歴史の審判を受けて残ってきたものです。さらに世界中で翻訳されるだけの力がある。

ニーチェも「まずはギリシャ人に学べ」と言います。

「偉大なギリシア人を知ったことが私を育ててくれた」（『生成の無垢』）

でもギリシャ人といってもソクラテス（紀元前四六九年頃～紀元前三九九年）やプラトンのことではありません。

「すなわち、私はソクラテスとプラトンとを、頽落の症候であると、ギリシア解体の道具であると、（中略）反ギリシア的であるとみとめたのである」（『偶像の黄昏』）

先述したように、「高等詐欺師」プラトンはキリスト教のルーツです。

それでは、ニーチェにとってのギリシャとはなにか？

「すべての哲学的体系が超克されていい、いる。ギリシア人が、とりわけソクラテス以前のギリシア人が、かつてよりもいっそう大きな光輝を放っている」（『生成の無垢』）

たとえばそれは、ヘラクレイトス（紀元前五四〇年頃～紀元前四八〇年頃）、エンペドクレス（紀元前四九〇年頃～紀元前四三〇年頃）、パルメニデス（紀元前四七五年～不明）、アナクサゴラス（紀元前五〇〇年頃～紀元前四二八年頃）、デモクリトス（紀元前四六〇年頃～紀元前三七〇年頃）、トゥキュディデス（紀元前四六〇年頃～紀元前三九五年）でした。

ダメな芸術とはなにか?

賢者は隠遁《いんとん》します。

ニーチェは言います。

「今日でもまだ、ヨーロッパ精神の最も繊細で最も広大な文化をフランス人のあいだやパリにおいて見いだすことができる。だが、人々は上手《じょうず》に捜すすべを心得ていなければならない。これらの選り抜きのものたちは現今では以前よりもいっそう身を隠している」（『生成の無垢』）

彼らは「大衆の趣味」「民主主義的ブルジョアの愚鈍さ」から避難してしまった。

たとえばそれはスタンダール（一七八三～一八四二年）です。

「何はさておきスタンダール、彼こそは、ナポレオンのテンポでもっておのれの未発見のヨーロッパを行進しぬき、最後にはおのれがひとりであることを——身の毛もよだつほどひとりであることを見いだしたフランス精神の最後の大事変」（『生成の無垢』）

そしてニーチェはフョードル・ドストエフスキー（一八二一～一八八一年）に最大級の賛辞を送ります。

「ドストエフスキーこそ、私が何ものかを学びえた唯一の心理学者である」（『偶像の黄昏』）

彼らはヨーロッパの真実、すなわち生を阻害するキリスト教道徳の問題を見抜いていました。

一方、ダメな芸術は次のようなものです。

不健康なもの。

宗教的偏見によるもの。

時代の枠に収まるもの。

偽善的なもの。

ミケランジェロ・ブオナローティ
（1475〜1564年）彫刻家・画家

だからニーチェは、ラファエロ・サンツィオ（一四八三〜一五二〇年）よりミケランジェロ・ブオナローティ（一四七五〜一五六四年）を高く評価したのです。

「私はミケランジェロにラファエロに対してよりもいっそう高い敬意を表する。というのは、彼は——彼の時代の一切のキリスト教的なヴェールや偏見をつらぬいて——キリスト教的・ラファエロ的文化が

そうであるよりも、いっそう高貴な或る文化の理想を見てとったからである」（『生成の無垢』）

「キリスト教は最後にはさらに芸術家の概念をすら頽廃させる。キリスト教は或る内気な偽善をラファエロのうえに注ぎかけたのだ」（『生成の無垢』）

もちろん、ラファエロも天才です。

ミケランジェロだって宗教的な作品をたくさんつくっている。

しかし、ニーチェは言います。

「ミケランジェロが見てとり感じたのは、新しい諸価値の立法者の問題であった」（『生成の無垢』）

ミケランジェロはすべての問題を超克していた。

彼が抱えていたのは「勝ちほこった完成した者の問題」だけでした。

要するに、ミケランジェロは並外れて健康な人間だったということです。

B層は古典に触れないので、歴史感覚が歪《ゆが》んでいます。

健全な芸術に触れないので、美的感覚が歪んでいます。

「畜群人間は、例外人間や超人がいだくのとは異なった事物のところで美の価値感情をいだくであろう」（『権力への意志』）

ルサンチマンと同情という二つの平準化の原理にまみれたコンテンツを評価するのがB層です。そこではアートの対極にあるジャリタレが「アーティスト」と呼ばれるようになる。

オルテガは言います。

（彼らは）いっさいの過去に不関知なるがゆえに、古典的規範的な時代を認めないのではなく、自分自身をすべての過ぎ去った生に優るとともにそれらには還元しえない一つの新しい生であるとみなしている。

現在に対するうぬぼれ。

自分より高い次元からの示唆《しさ》の拒否。

それがB層のメンタリティーをつくっています。

B層はなぜ高くてまずいコーヒーを飲むのか？

学生時代にシカゴにしばらく滞在していたとき、知人とコーヒーショップで待ち合わせをしました。喫茶店というより、ファストフード店のような造りでした。

コーヒーは予想通りまずい。新聞紙を焦《こ》がしたような味でした。

その知人によると、『ビバリーヒルズ青春白書』（当時アメリカで放映されていたドラマ）に出演している俳優がよく来ている店で、アメリカで急拡大しているとのこと。

「日本でチェーン展開しても絶対に成功しないだろうな」と思いましたが、前後して銀座に一号店がオープンし、日本全国に広がっていきます。

当時の私は、B層の習性を理解していませんでした。

価値の混乱が起きていることに気づいたのは、それから数年後のことです。

現在私は《B層グルメ》という言葉を提唱しております。

マスメディアに踊らされたB層が行列をつくるのが《B層グルメ》です。

《B層グルメ》は金額とは関係ありません。

まずいけど安いコーヒーを飲むのはよくわかります。経費削減です。

美味しいけど高いコーヒーを飲むのもよくわかります。贅沢《ぜいたく》をしたいからです。

安くて美味しいコーヒーがあれば、それに越したことはありません。

しかし、B層は高くてまずいコーヒーを飲むのです。

同じ金額を支払って一流のレストランより三流のレストランを選びます。

なぜか？

それは《B層グルメ》はB層の習性と思考回路を研究してつくられているからです。そこでは行動心理学から動物学まで最新の知見が導入される。

A層（企業）はマーケティングにより、店の立地から席の配置、照明の角度まで決定します。そして「産地直送」「期間限定」「築地」「有機栽培」「長期熟成」「秘伝」「匠《たくみ》の技」「甘さ控えめ」「低脂肪」といったB層の琴線《きんせん》に触れるキーワードを組み合わせていく。

これは小泉純一郎の「聖域なき構造改革」や鳩山由紀夫《はとやまゆきお》の「いのちを守りたい」みたいなもので、とりあえず耳あたりがいいことが重要です。

さらにB層の美的感覚に合わせるように、相田《あいだ》みつを風の看板やメニューを用意したり、発泡スチロールのトロ箱をわざとらしく店先に積んでみせたりします。

茶髪の人々がコンビニエンスストアで大金を使うのも、貧困層のサラリーマンが高額の生命保険を組んでいたりするのも、同様の理由によります。

真っ当なものが駆逐《くちく》されるのがB層社会です。

以下、「日本が誇る〝だし〟のおいしさを広めたいという目的から生まれた、新感覚のステーション」が登場というネット記事（『東京ウォーカー』二〇一〇年九月一九日）。

――

「当社の調査で、二〇～三〇代の若い女性は〝料理やだしに対する興味・関心はあるものの、なかなか実践できていない〟というアンケート結果がでました。そこで、彼女たちをはじめ、もっと多くの方々に、だしのおいしさを改めて知っていただけたら、と思い企画しました」とは、同カフェを運営する「味の素」のだし・うま味普及担当部長の山本恵裕さん。

だしの文化を破壊してきたのは、味の素でしょう。うま味調味料があるから、若い女性がだしをとらなくなったのですから。味音痴な人間はたいていバカです。

これは悪口ではなくて、事実として味は知性で決まります。

味覚の鋭さは味蕾《みらい》の数で決まるのではありません。幼児は大人よりたくさんの味蕾をもっていますが、大人より味覚が鋭いわけではない。

味蕾で受け取った化学情報は、味蕾の中の味細胞で電気信号に置き換えられ、脳に情報を伝えますが、それは味を感じるための一部の働きにすぎません。

決定的なのは知性です。

小学生には一流の鮨《すし》と二流の鮨の違いはわからないでしょう。大トロとウニがあればとりあえず満足する。

つまり、知性により、目の前の食事の味は変わるのです。

《味》でさえ、絶対的なものではありません。B層が感じる《味》はB層の精神世界に規定されます。

町場の肉屋が揚げたきちんとした唐揚げより、チェーン店の悪臭のするフライドチキンを買って帰るのがB層です。こうした土壌の上に《B層グルメ》は成り立っています。

食べログもミシュランも信用できない

日本橋《にほんばし》橘町《たちばなちょう》に急激に頭角を現した鮨屋があります。つまみは凡庸ですが、握りは相当なレベルです。

ところが変な常連が居ついているようです。店に入ると太ったオヤジが大声で話していたので嫌な予感がしたのですが、もう一人、黒ブチ眼鏡が入ってきて、一緒になってよその鮨屋の話を始めました。

しみづの煮蛸《にだこ》がどうだの新津武昭《にいつたけあき》がどうだのと、いい歳こいて鮨オタク丸出し。

黒ブチ眼鏡がわざわざ店に氷の入った器を用意させて、燗用《かんよう》の日本酒を冷やして飲んでいる。店の主人がこうした客との会話にも付き合うから、黒ブチ眼鏡とデブが調子に乗って、豆知識をしゃべり続ける。周囲の客に迷惑をかけていることに気づきもしない。典型的なB層です。

ニーチェは言います。

「**エピクロスが食事中は美学上の会話をしなかったということは、なんと私にはわかることか！　――彼は、食事について、また詩人たちについてあまりによく考えていたので、一方を他方の添え物にすることを欲しなかったのだ！**」（『生成の無垢』）

会話と吟醸酒を求めて鮨屋に行くのがＢ層です。

こうした中、Ｂ層に評価され暴走する鮨屋が増えています。

たとえば、下北沢のＦは鮨批評のジャンルではかなり高い評価を受けています（『ミシュランガイド東京２００９』で一ツ星）が、行ってみたら最悪でした。

店に入ると、汚いオッサンと帽子をかぶった女が、臭いタバコを吸いながら、でかい声で低劣なワイン論議。最初に出てきた真子鰈《まこがれい》に添えられたポン酢がまずい。次に出てきた鳥貝もどうしようもない。「この時期、いい鳥貝が入らなくて」と主人。だったら出さなければいいじゃん。

そこに三人連れのサラリーマンがやってきて、カメラを出して鮨の撮影会を始めました。いたたまれなくなって、握りにしてもらう。一貫目、冷たいイカを熱すぎる酢飯で合わせた一品。次は小鰭《こはだ》。二貫食べて店を出ました。

某グルメ評論家はこの店を評して、「ツマミ、握り共、そこらの銀座の高級店と遜色ない出来栄え」「銀座や赤坂で二万円以上払うことなく同レベルの鮨が食べられる」と述べていましたが、寝言は寝てから言うべきです。

博多にYという有名な鮨屋があります。

店の設計は建築家の磯崎《いそざき》新《あらた》。

偶然目を通した『dancyu』（二〇〇七年七月六日号）には、《「名店」とは何か。愛する店を通して語るその真髄　食の達人たちが惚《ほ》れ込む「わが名店」》との見出しのもと、「骨の髄まで食べ尽くさせてくれる『Y』文・滝悦子」なる文章が掲載されていました。つまり世間の評価は非常に高いということです。

最初に出された中トロとヒラメ、オコゼの造りはそこそこでしたが、続いて出てきたのが生ニンニクのスライスがたっぷり載ったカツオ。ニンニクの刺激と臭いで、酒も他の肴《さかな》もまずくなる。一切れだけ食べて後悔しました。

次に主人が「中華風にアレンジしてみました」と出してきたのは、スカスカの煮エビに中国醤油と唐辛子を散らしたもの。

どうしてこんなものを鮨屋で食べなければならないのでしょうか？

つまみをやめて、握りを頼みました。

一貫目はイカ。塩がべっとり塗られている。

つまみをやめたにもかかわらずマグロの串が運ばれてきたので断る。

アジ、マグロの炙《あぶ》りを食べたところで握りもストップしてもらいました。

これなら、回転鮨のほうがましです。

会計をお願いすると「お茶をお持ちしましょうか？」と主人が言う。「いりません」と答えるとしばらくして「ほうじ茶をお持ちしましょうか？」と訊《き》かれた。「いりません。勘定をお願いします」と言うと、しばらく待たされた挙げ句店員がお茶を運んできた。「お茶ではなくて勘定をお願いしたんです」と言うと、少しの間を置いて、主人は「アイスクリームをお出ししましょうか？」と訊いてきた。

結局レジまで歩いていって勘定をする店でした。

主人の自己満足にすぎない創作料理に「食の達人たちが惚《ほ》れ込む」のが今の時代です。

鮨屋は鮨を食べる場所です。

鮨職人にとっては技量を見せる場です。

酒だけ延々と飲んでいるなら居酒屋に行けばいいし、会話がしたければキャバクラに行けばいいし、中華風が食べたければ中華料理屋に行けばいい。

ミシュランも食べログもグルメ評論家も食の達人も信用できない。

なぜなら、彼らの価値基準そのものがB層社会の産物であるからです。

携帯電話で料理の写真を撮って、論評を述べるのはたいていB層です。グルメ雑誌の記事を書いているのは、下請けのB層ライターです。

価値が混乱した結果、本当のプロの仕事をする鮨屋が低い点数をつけられ、ロクでもない鮨屋（その実態は海鮮居酒屋）が高得点をとるようになっています。こうした流れの中で、B層に迎合したB層鮨屋が増えているのは必然なのでしょう。

第四章　知識人はなぜバカなのか？

軽蔑すべき《知識人》の時代

ニーチェは軽蔑《けいべつ》すべき《知識人》の時代がやってくるといいました。

彼らは共通の《病》をもっています。

「**私はいわゆる『一流の人物』たちを一流どころか、人間とさえも思っていない**――**私に言わせれば、彼らは人類のくずであり、病気と復讐心に燃える諸本能との落とし子である**」

(『この人を見よ』)

要するに、キリスト教の本能をもつ《知識人》が、学問を隠れ蓑《みの》にして世の中に病原菌をばらまいているわけです。

わが国においてもオカルトが蔓延《まんえん》しています。

ニーチェは言います。

「**私の総体的見解。第一命題。類としての人間は進歩しつつあるのではない。**(中略)**第二命題。類としての人間はいずれか他の動物と比較してもいかなる進歩をも示してはいない**」

(『権力への意志』)

本章では、今の世の中で《知識人》と呼ばれている人たち、「他の動物と比較してもいかなる進歩をも示してはいない」人たち、特に近代特有の思考回路に汚染された人たちについて検証していきます。

「B層自分の説明書」

数年前に『B型自分の説明書』という書籍が売れました。

出版社のサイトによると「B型の著者が自らの特徴を分析した、B型人間を理解するためのマニュアル」とのこと。

血液型で性格を分類するのは完全なオカルトですが、巷にはB層向けの血液型占いが溢れています。

こうしたB層文化は政界にも食い込んでいます。

二〇一一年七月三日、民主党の松本龍《まつもとりゅう》復興担当相は東日本大震災の被災地に入り、岩手県の達増拓也《たっそたくや》知事にこう言いました。

「九州の人間だから、何市がどこの県かわからん」

「知恵を出したところは助けるけど、知恵を出さないやつは助けない」

次に会談した宮城県の村井嘉浩《むらいよしひろ》知事が応接室に後から入ってくると、松本は恫喝《どうかつ》します。

「県でコンセンサスを得ろよ。そうしないと、われわれはなにもしないぞ」

「ちゃんとやれ」

「お客さんが来るときは、自分が入ってからお客さんを呼べ」

そして、その場にいた記者に口止めをします。

「今の最後の言葉はオフレコです。みなさん、いいですか、絶対、書いたらその社はもう終わりだから」

この発言が東北放送のニュース番組で報道され、松本は批判されます。

そのときの弁明がすごかった。

「私は九州の人間ですけん」

「私はちょっとB型で短絡的なところがあって、私の本意が伝わらないという部分がある」

被災者よりも九州のB型の人間に対して失礼です。

以下、ネットで偶然見つけた記事「女性がひそかに期待している『B型彼氏の良さ』9パターン」（「スゴレン」二〇一二年一月七日）。

「自己中」「自由奔放」など、B型にはネガティブなイメージも多いもの。ところが、女性はB型男性に独特の魅力を感じることもあるようです。（中略）女性読者の意見をもとに、「女性がひそかに期待している『B型彼氏の良さ』」を紹介します。

【1】意思がはっきりしているため、物事をビシッと決断してくれそう
【2】天真爛漫な明るさに、母性本能をくすぐられそう
【3】わがままな行動に振り回されるのが楽しそう
【4】サプライズ好きで、常に楽しませてくれそう
【5】裏表がなく、嘘をついたり人によって態度を変えることがなさそう
【6】マイペースなので、必要以上にお互いに干渉しなくてよさそう
【7】感情表現が素直で、恥ずかしがらずに「好き」と言ってくれそう
【8】好奇心旺盛で多趣味なので、今まで知らなかった世界と出会えそう
【9】周りの人に気づかれない所で、じつは気を使ってくれていそう

松本龍に当てはめると【3】【4】あたりは当たっているが、【5】【9】ははずれている。血液型判断というのはこの程度のものです。

ネットにはこうしたオカルト記事が溢れています。それどころか社会全体、政治家や大学教授までがオカルトに侵されている。B型よりB層の分析が急がれます。

フロイト、ユングはオカルト

ジーグムント・フロイト（一八五六〜一九三九年）やカール・グスタフ・ユング（一八七五〜一九六一年）の精神分析は完全なオカルトです。

これは学問の分野では常識ですが、B層社会において逆に広がりを見せています。多感な時期にフロイトの『夢判断』あたりを読んで若者が人生をこじらせたり、村上春樹《むらかみはるき》が河合隼雄《かわいはやお》（一九二八〜二〇〇七年）に会いに行ってしまったりする。

そもそも精神分析は体系化された理論ではありません。

精神分析医の診断に患者が同意すれば医者が正しいということになり、認めなければ《抑圧》の結果だと診断されます。

つまり、宗教と同じで、反論できない仕組みになっている。

こうしたオカルトにわが国は汚染されています。

一例を挙げれば、ユングの影響を受けている民主党の原口一博《はらぐちかずひろ》です。

彼はきわめて特殊な精神構造をもっています。公《おおやけ》の場で話したことでも次の日には正反対のことを述べる。

雑誌で「菅政権は打倒せねばならない」（『月刊日本』二〇一一年三月号）と書いた直後

に、首相退陣論について「とんでもない話だ。菅さんは気の毒だ」などと発言。

「民主党が目指してきたのは連帯の政治です」（『週刊現代』二〇一〇年一〇月一六日号）と書きながら、民主党の分断工作に奔走《ほんそう》する。

「原口大臣は小沢幹事長の秘蔵っ子で、幹事長を『親分』と呼んでいるとの噂もある。本当ですか？」と訊《たず》ねられると、「『親分』なんて呼んだこと、一度もありませんよ。大間違いです。そもそも民主党はそういう上下関係で人を締め付ける組織ではありません」（『週刊現代』二〇一〇年二月二七日号）と気色《けしき》ばむ。しかし原口はいろいろな媒体で小沢を「親分」「親方」と呼んでいます。

こうしたメンタリティーはいかにして形成されたのか？

原口は一九五九年佐賀県生まれ。高校卒業後、京都大学の受験に失敗しますが、本人によると「一点差」で落ちたとのこと。どうしてそれがわかったのか謎ですが、この人らしいモノの言い方です。

その後、東京大学文学部心理学科に入学。

ことあるごとに「もともと、僕は心理学が専門」と話すので相当自負しているらしい。

心理学を志《こころざ》した理由として、原口は幼少期に原爆の話を聞いて夢遊病になったことを挙げます。

ちょっとオカルトチックに聞こえるかもしれないけど、僕の見ていた夢は、過去の誰かが見たものなのか、それとも予知夢のような未来のものなのか。そういうことが知りたくて、心理学を志したんです。(『週刊ポスト』二〇〇八年二月八日号)

――

自我が蒸発する、魂が蒸発するというのはいやだと。心理学に行く人は大体そうですね。(『一冊の本』二〇〇二年七月号)

――

もちろん、心理学ではこうした問題を扱うことはありません。

「心理学に行く人は大体そうですね」というのは妄想です。

前掲の『週刊ポスト』では女優の眞鍋《まなべ》かをりがさりげない質問により、原口の頭の悪さを焙《あぶ》りだしています。

「民主党が政権をとって小沢総理が誕生したらブッシュさんには何ていいます?」

「戦争はやめなさい、といいます」

眞鍋の返答がいい。

「それで、日本の安全は守れるんですか?」

ここまでくるとどちらが政治家なのかわかりません。

すると原口は、眞鍋のように心配するのは、「カルト教のようなもの」と暴言を吐きます。


「お布施を渡さないとひどい目に遭いますよ」というのと、「給油をやめたら日本の安全はどうします？」は同じこと。まずは「怖れ」を手放すことです。


どこが同じなのかはさっぱりわからないが、とにかく原口の頭の中では同じらしい。

眞鍋は再び問う。

「でも、政治家には多少は攻撃的な発言も必要なのでは？」

「心理学者・ユングの集合的無意識じゃないけど、ネガティブな思いを世の中に溜めたくはないと思ってるから、『怖れ』は口にしたくない」

ユングは臨床記録や世界各地の民話を分析し、人間の無意識の中に人類に共通する意識（集合的無意識）が存在すると考えました。もちろん、証明のできないオカルトです。

「ネガティブな思いを世の中に溜めたくはない」という言葉は、詩人や小説家、あるいは狂人に属するものであり、政治家が発すべきものではありません。

オカルト信者が、真っ当な人間を「カルト教」呼ばわりする。

政治家の劣化とオカルトの蔓延はB層社会において同時進行しています。

吉本隆明と《B層の原像》

「大衆とはなにか?」を論じるのは、それほど難しいことではありません。なぜならそれは第一章で定義したように「近代において伝統的コミュニティから切断された個人」であるからです。しかし、《大衆》という言葉がわが国においてどのように受容されてきたかは別です。誤解、勘違い、暴論に行き着く。

《大衆》について論じてきたのは左翼では吉本隆明《よしもとたかあき》、保守では西部邁《にしべすすむ》が有名です。ちょうどこの二人が一九八四年に対談をしているので振り返ってみます（『難かしい話題』）。

まず吉本は自らの政治観を開陳します。


もっとぼくの個人的な好みを言わしてもらえば、ここが西部さんと違う気がするのですが、それじゃだれが政治をするのかといったら、大衆が嫌々ながら当番で、仕方がないからやるのがいい。ボタンを五つぐらい押せばだいたい政治ができるようになる。だれにでもできるものだから、大衆があんなくだらんことはだれもしたくないんだが、ボタンを五

つ押せばすむんだから、それこそ一年交代で一人ずつ当番でやろうじゃないですかということになる。結局ぼくの理解の仕方では、それが最終的な政治の理想のイメージになるような気がするのですよ。

「ぼくの個人的な好み」「なんとなくそんな気がする」ことが、いつの間にか「最終的な理想のイメージ」に転化するのが吉本特有の文章ですが、さらに次のような言葉が続きます。

仮にもっと比喩を際どくして、知識人と大衆が一〇〇〇人ぐらいいて、その中から何百人死ななければいけないとなったら、少なくとも知識人が全部死んじゃったほうがいいし、もし原子爆弾がどっかに落ちてだれか死ななければいけないならば、まずアメリカの指導者とソ連の指導者だけ死んでくれればいい、大衆はあまり死んでもらっちゃ困る。

（中略）

戦争なんかの場合でも、大衆の罪責は免除される。なぜ、そう考えるかということについては、自分の中にあとからつくった論理みたいなものがあるのですが、論理の以前に、完全に疑問の余地なく大衆には責任がいかないように全部免除されてるような気がするのです。

さすがに西部は疑問を呈しますが、吉本はこう答えます。

──ぼくはなんで楽観的かというと、結局未知なものがあるということがとても楽観的になれるような気がするのです。未知というところへ入っていくことは、楽観的な意味があるような気がする。

──対談を最後まで読んでも根拠は一行も書かれていません。結局、「気がする」だけなんです。本人が述べている通り「論理の以前」の問題です。

大衆の戦争責任が免除されるなら、大衆を政治にかかわらせるべきではない。それで「大衆に当番で政治をやらせろ」というのですからわけがわかりません。

『週刊新潮』(二〇一二年一月五・一二日号)では、「『反原発』で猿になる!」とのインタビューに答えています。

──今回の原発事故も天災とか人災などと言われていますが、やはり危険を予想できなかった。つまり、人間は新技術を開発する過程で危険極まりないものを作ってしまうという大矛盾を抱えているのです。しかし、それでも科学技術や知識というものはいったん手に入れたら元に押し戻すことはできない。どんなに危なくて退廃的であっても否定することはできないのです。

原発の稼働停止と原子力研究の中止をごちゃまぜにして論じているので、批判のしようがありませんが、基本的には《未知のものに対するオプティミズム》《科学技術の不可逆性》といったキーワードで括《くく》れる程度の話です。ソ連に迎合する日本の反核運動を批判した吉本の『「反核」異論』も、きちんと読めば科学技術に対する根拠のないオプティミズムがベースとなっていることがわかります。

ニーチェは言います。

「科学的人間たちの悪意のなさというものがあるのであって、これは白痴と境を接している。彼らは、彼らの手仕事がどんなに危険であるかについての嗅覚をもたないのだ」（『生成の無垢』）

吉本は周囲の太鼓持ちにもてはやされているうちに、自分は一流の思想家だと思い込んでしまったフシがあります。ミシェル・フーコー（一九二六〜一九八四年）の『言葉と物』にいたく感銘を受けたらしく、「あれは『共同幻想論』と並ぶような仕事だ」などと言い出した。こうした物言いに、団塊の世代のB層がコロリと騙される構図が間抜けです。

政治や経済にかかわる吉本の分析はほとんどデタラメです。高度資本主義社会において政府に対する潜在的なリコール権を大衆が手に入れたとか、それにより戦争が発生しなくなるとか、適当な話を書きたい放題です。

「戦争について突き詰めて考えた」と自画自賛する著書には、他国から攻められたケースについてまったく述べられていない。小沢一郎や麻原彰晃《あさはらしょうこう》を擁護する吉本の論理の脆弱さにも唖然としました。

それではなぜ吉本はかくも評価されてきたのか？

それは《B層の原像》をたえず思想に織り込んできたからだと思います。

テロリストの論理構造

哲学者と名乗っている人たちの中には頭の悪い人が多いということに気づかせてくれたのが、自称哲学者の池田晶子《いけだあきこ》（一九六〇～二〇〇七年）でした。古代ギリシャの哲学者ソクラテスの対話篇を現代に復活させた『帰ってきたソクラテス』シリーズなどで注目を浴びた人ですね。もう亡くなってしまいましたが、著作が版を重ねているので『テロ以降を生きるための私たちのニューテキスト』という雑文集をとりあげさせていただきます。

池田はテロリストについて次のように述べます。

しかし、私と彼ら（テロリスト）とが全然異なるのは、私が私にとって善いとしていることは、すべての人にとって善いことであるということだ。私にとってのみ善いことで、すべての人にとって善いというわけではない、これでは「善い」ということの意味にそもそもならない。相対的価値は相対的であるというまさにその理由によって、価値ではあり得ないからである。絶対的なものをその絶対性（に）おいて価値とするのでなければ、価値は価値という意味にならないのである。

いまいちつかみづらい文章ですが、「善いは絶対的なものだ」と言いたいのでしょう。

ところが、イスラム過激派が絶対的な価値としているのは、「唯一神」アラーだが、他教徒や無神論者にとっては、そうではない。すなわちそれは相対的な価値、彼らにとってのみの善いことであって、すべての人に善いことではないのだから、じつはそれは善いことではない。アラーのために死ぬことも、彼らは善いことをしたと思い込んで死んだのだろうが、本当は善いことではない、すなわち「悪」なのである。

興味深いのは、この文章がまさにテロリストの論理構造でできあがっていることです。テロリストや過激派の立場と「私」の立場、後半の「善」と「悪」を置き換えればそれがわかります。

これでは「テロのためのニューテキスト」でしょう。

まったく、違う価値観をもつ者同士が話し合えるものだろうか、人々は悲観的だけれども、そんなことはない。まったく違う価値観は、まったく違うという当の理由によって、正当な価値観ではないのだから、右のような筋道で論駁《ろんばく》する方法はあるのである。

だから問題は、論駁する方法がないということではなくて、そもそも彼らが聞く耳をもたないというそこにある。理性の言葉に耳を貸すくらいなら、狂信的になるはずもない。

テロリストは《彼らが聞く耳をもたない》ことを理由に暴力に走ります。

そして《理性の言葉》に耳を貸すことにより狂信的になるのです。

イギリスの作家ギルバート・キース・チェスタートン（一八七四～一九三六年）は、「狂人とは理性を失った人のことではない。狂人とは理性以外のあらゆる物を失った人である」

と喝破《かっぱ》しましたが、オウム真理教や左翼過激派でさえ、ここまであからさまなテロのロジックを表に出しません。

妄想だけで文章を書き、それを社会に垂れ流す。こうした公害が発生するのがB層社会です。

池田は子供向けの本も書いていますが、完全なオカルトです。

ニーチェは言います。

「『これこそが善さだ！』と言う人間の資格を疑うことを、ひとはおのれの心に誓うべきである」（『生成の無垢』）

誤読されてきたニーチェ

ニーチェの文章を引用する人は昔からたくさんいます。

そのうちの八割くらいはニーチェを誤読してトンチンカンなことを言っているので困ったものだと思っていました。それも素人ではなく、作家や大学教授、哲学者を名乗るような人たちがとんでもない解釈をしていたりする。

ここではニーチェに関する著作があり、さらに典型的な誤読をしている人をとりあげます。批判自体が目的ではなくて、誤読のポイントを確認することでB層社会の問題点が見えてくるからです。

まずは、ロングセラー新書『ニーチェ入門』の著者である竹田青嗣《たけだせいじ》早稲田大学教授。『文藝別冊　だれでもわかるニーチェ』というムックに「ニーチェ、欲望の哲学」というインタビューを載せています。そこで竹田は、近代権力論においてフーコーはニーチェを誤用していると言います。

フーコーの権力論について言いますと、これはずいぶんもてはやされましたが、思想原理としては非常に薄弱なものです。彼は近代社会の権力の本質を、中世からの教義論的(ドグマによる)権力の変奏形としか捉えていないのです。

(中略)

しかし、フーコーは完全に権力の「本質」を見誤っています。近代社会の政治権力の本質は、理念としていうと、社会の成員が対等の権限をもって決定した社会的諸ルールを、現実的に守らせるための威力および実力ということです。だから権力批判は、本来、成員全員の一般意志として存在する立法や行政の権限を、特殊な利害集団が、自分の特殊利害を一般意志を僭称して押し通そうとすることに対して向けられなければならない。

え？

第二章で見てきたように、ニーチェは「近代社会の権力」の根源にある《一般意志》をキリスト教的ドグマの変奏形と捉えていました。

「**フランス革命によるキリスト教の継続。その誘惑者はルソーである**」（『権力への意志』）

よって、フーコーが「ドグマの変奏形」と捉えたなら、その限りにおいてはニーチェの誤用ではありません。

そもそも、「理念として」「本来」などと言いながら、どうしていきなり《一般意志》を持ち出すのか？

このあとも変な文章が続きます。

> ニーチェは社会論に関してはかなり疎いと言えます。
>
> （中略）
>
> 宗教の本質をルサンチマンとニヒリズムだとする見方もかなり一面的であることは、すでにヘーゲルが、宗教の本質は「超越性」（＝「絶対本質」）であると喝破しているのをみても分かります。

喝破でもなんでもいいけど、「宗教の本質をルサンチマンとニヒリズムだとする見方は一面的である」という意見を、ニーチェは繰り返し述べています。

たとえば仏教については次のように言います。

「仏教はルサンチマン運動から生まれたものではない」（『権力への意志』）

「仏教は——これこそそれをキリスト教から深く分かつのだが——道徳概念の自己欺瞞をすでにおのれの背後におきざりにしている」（『反キリスト者』）

「［仏陀の］教えは何ものにもまして、復讐の、忌避の、ルサンチマンの感情におちいらないようにつとめる」（『反キリスト者』）

これもすでに説明しましたが、宗教がルサンチマンに汚染されたことを、ニーチェは例外として捉えています。

自己を肯定する《民族の神》《本来の神》が、ユダヤ‐キリスト教において《善のみの神》《ルサンチマンの神》に変質してしまったというのが、ニーチェの見取り図です。

最後の部分もひどい。

近代社会思想の根本原則は、〈社会のすべての成員にその存在の自律性とともに社会のルール決定についての対等な権限を解放する〉、という命題で尽くされます。

す。

（中略）

われわれは、この命題が自壊しないような社会構想の「原理」を必要としているのです。

その「近代社会思想の根本原則」を、ニーチェは根底から批判したのです。

「社会のすべての成員にその存在の自律性とともに社会のルール決定についての対等な権限を解放してはならない」というのがニーチェの教えです。

ニーチェがこの文章を読んだら、どういう反応を示すのでしょうか？

ニーチェ読みのニーチェ知らず

三《み》島《しま》憲一《けんいち》東京経済大学教授は、「ニーチェ研究の第一人者」として有名な人です。

岩波新書の『ニーチェ』、講談社学術文庫の『ニーチェとその影』は、私も学生時代に読んで参考にさせていただいた。

それで以前、『ツァラトゥストラ』（中公クラシックス版）に目を通したら、「毒に感染しないで、毒を楽しむ」という一文を寄せていて唖然としました。

ニーチェとデモクラシーがつながると言うのです。

未知の大陸を夢見てアメリカへ向かって帆を上げるコロンブスはニーチェが最も好んだイメージである。ニーチェと生き生きとしたデモクラシーはつながりうるのである。

たしかにニーチェは、「新しきコロンブス」という詩を書いていますが、クリストファー・コロンブス（一四五一〜一五〇六年）とデモクラシーの間にはなんの関係もありません。「生き生きとしたデモクラシー」というのもなんだかよくわかりませんが、そもそもデモクラシーを根底的に批判したニーチェと「つながりうる」はずがない。

続けて説明らしき文章があります。

実際に、ニーチェは当初はそのように読まれた。ニーチェが死んで一〇年後、ドイツで青年運動という新しい文化運動が燃えさかった。

（中略）

ワンダーフォーゲル運動などもこれに発するが、形式的な行儀や形骸化した日曜宗教を恥じる、こうした青年たちにとってニーチェが偶像となった。

「そのように読まれた」ことや「青年たちの運動」が、なぜ「デモクラシーとつながる」根拠になるのかさっぱり意味がわからない。

次に三島は、「絶えず支配的な文化的アイデンティティから距離を取る天《あま》の邪鬼《じゃく》としてのニーチェ」と貶《おとし》めます。

ヴァーグナーぎらいのゆえにビゼー好きになったのである。ドイツぎらいのゆえにフランス好きなのである。

（中略）

西洋文明と違うものを追求するなら、思い切ってオリエントの砂漠の聖者ツァラトゥストラへ向かおう——こうした、そのつどの主流にたてつく、それも正面からではなく、パースペクティブの転換を通じてたてつく、これはニーチェ独特の思考パターンである。

これもひどい。

ジョルジュ・ビゼー（一八三八〜一八七五年）についてニーチェは詳しく書いています。

「**私がこの著作のうちでヴァーグナーを犠牲にしてビゼーを讃えるのは、たんに純粋の悪意であるのみではない**」（『ヴァーグナーの場合』）

「この［ビゼーの］音楽は私には完全なものと思われる。それは、軽やかに、しなやかに、慇懃にやってくる。それは愛嬌があり、それは汗をかくことがない。『優れたものは軽やかであり、一切の神的なものは華奢な足で走る』、これが私の美学の第一命題である」（『ヴァーグナーの場合』）

要するに、ニーチェの哲学とビゼーの「軽やかさ」は近いわけですね。

また、ニーチェがツァラトゥストラを持ち出したのは、天の邪鬼だからでも思い切ったからでもありません。

ニーチェ本人が述べているように、ツァラトゥストラが道徳の問題を最初に持ち出したからです。

「ツァラツストラは道徳というこの最も宿命的な誤謬を創造した」（『この人を見よ』）

「道徳的諸価値の由来を問うということは私にとってはまさに一つの第一級の問いなのだ。それは人類の未来を決する問いなのだから」（『この人を見よ』）

つまり、ニーチェは緻密な計算のうえでツァラトゥストラを主人公にしている。当たり前の話ですが。

さらに変な文章が続きます。

だが、そうした普遍主義の多くは、「強者の普遍主義」である。現実のヨーロッパは、文明やデモクラシーや自由の名において、それらを世界に広める崇高な使命に燃えて、世界中に植民地を作り、非道の限りをつくしていた。

（中略）

だが、ルソーやカントが嫌いなニーチェは、「力」へのこうした還元のゆえに「弱者の普遍主義」に、権利を求める弱者の叫び声に鈍感になってしまった。

普通にニーチェを読めば、「弱者の普遍主義」がヨーロッパ文明やデモクラシーを生み出したことがわかるはずです。どうしてそれが「強者の普遍主義」になってしまうの？

また、ニーチェが批判したのは現実世界で戦っている《弱者》ではなく、《神》の概念を転倒させることで圧倒的な権力を握った《本質的弱者》です。

彼らは《本質的強者》にルサンチマンを抱いている。教会は「弱者の普遍主義」により世界を支配したのです。

そもそも「Catholic《カソリック》」は「普遍」という意味です。

長崎は今日も雨だった

『ニーチェ入門　悦ばしき哲学』というムックにも三島憲一が「世界はニーチェをどう読んできたのか」という文章を載せています。

三島は冒頭から飛ばします。

和辻哲郎の『風土』が永遠のベストセラーで読み続けられていますが、日本は四季がはっきりしていて人びとの気持ちは細やかで云々というのはまったくの嘘です。当時書かれた梅棹忠夫の仕事も含めて、そういう怪しい日本文明論が嫌でした。

和辻哲郎《わつじてつろう》（一八九八～一九六〇年）や梅棹忠夫《うめさおただお》（一九二〇～二〇一〇年）を批判するのは自由ですが、問題は「まったくの嘘《うそ》」と断言しているのに、その根拠が一行も書いていないことです。

これは三島の文章全体に言えることですが、ほとんどが個人的な趣味嗜好《しこう》、思い込みを垂れ流しているだけです。

以下、きちんと根拠を示します。

三島はニーチェについて次のように述べます。

ナチスなどの怪しげな運動の先触れとも結びつく面がありましたが、逆にラディカルな民主主義にもつながるものがありました。例えば、モダン・ダンスで、イサドラ・ダンカンなんかがニーチェに憧れています。ホイットマンをまねた彼女の「アメリカは踊る」の「踊る」はニーチェのディオニュソスを受容したものでもあって、アメリカの民主主義とニーチェはまったく矛盾しないかたちで読まれていたわけです。

常人には理解できない文章です。二重三重に意味がわかりません。

ダンカン（一八七八～一九二七年）が踊ったり、そう読まれたことが、なぜニーチェと民主主義がつながる根拠になるのでしょうか？

このロジックで言えば、ヒトラーがニーチェに憧れ、ナチスの御用学者が「矛盾しない形」でニーチェの著書を読めば、それがニーチェとナチズムがつながる根拠となります。

風が吹けば桶屋《おけや》が儲かるみたいな話で、どんなイデオロギーともつながってしまう。

先ほどのコロンブスとデモクラシーの話と同様、頭が混乱しているとしか思えません。

そして、お得意のニーチェ罵倒《ばとう》が始まります。

『ツァラトゥストラ』の原文はニーチェの作品としては最悪の作品で、いわゆるキッチュです。お風呂屋さんの、富士山があって浜辺があって帆掛け船が浮いている、というような風景と同じ水準、日本の歌謡曲と変わらない水準、『長崎は今日も雨だった』といったものと変わらない水準の言語で書かれたもので、（中略）大多数の鑑識眼のある人は、あれはニーチェの書いた他のものに比べると最悪の文章だと言います。

要するに「自分はドイツ語に堪能だ」と自慢したいだけ。ニーチェの他の著書（アフォリズムや論文）と物語形式であり聖書のパロディを意識した『ツァラトゥストラ』を比較しても仕方がありませんが、さらに三島は暴走します。

今カントやヘーゲルをやる人は一流企業なんて入れっこないですけど、当時（昭和三〇年代から四〇年代）はそういうことが可能でした。悪しき文化教養主義ですね。西欧のベートーベンを聴く方が浪花節よりも上等だという、あの感覚がありましたね。

浪花節よりルートヴィヒ・ファン・ベートーヴェン（一七七〇～一八二七年）のほうが上

と判断するのが「悪しき文化教養主義」なら、三島の脳内をまとめると「浪花節∨ベートーベン∨クール・ファイブ」という図式になるのでしょうか？
「長崎は今日も雨だった」は内山田洋《うちやまだひろし》とクール・ファイブ、および前川清《まえかわきよし》の代表曲です。前川は桑田佳祐《くわたけいすけ》にも大きな影響を与えた偉大なシンガーですが、その方面で論じても三島と同レベルになるのでやめておきます。最後のまとめも圧巻です。

今でも、カントからも学ぶものがあるし、ヘーゲルからもまだまだ学ぶところがあるでしょう。しかし今の時代にニーチェから学んだってリーマンショック以降どうなるかなんて何も言えないですよ。

「ああそうですか」としか答えようがありません。
ニーチェが批判した「教養俗物」は、わが国でも暴走を続けています。

ラノベ作家とコムサ・デ・モード

『喪男《モダン》の哲学史』という本を知人に薦められて読みました。
哲学の歴史を、喪男（モテない男＝プラトンやキリスト教などに脳内で萌《も》えているだけのオタク）の精神史として読み解いたもの、ということだと思います。

切り口は新しいけれど、内容はデタラメでした。

著者の本田透《ほんだとおる》はライトノベル作家であり、哲学の批判をしても仕方がないのですが、典型的な誤読をしていますのでとりあげます。

ニーチェに関する部分では、冒頭から変な文章が続きます。


なぜ近代西洋国家が植民地を開拓しなければならなかったかと言うと、資本主義という世界は、市場の拡大や生産力の増強などといった成長を永遠に続けなければ維持できないからです。つまり人間の欲望が全開になっていたのです。

ニーチェがキリスト教を奴隷道徳として否定し、「力への意志」を肯定した背景には、そのような時代精神があったのです。


最初は文章の意味がわかりませんでしたが、続けて読むうちに著者がニーチェを誤読していることがわかりました。

―力への意志とは、自由や権力を求め、生きようとする意志のことです。もちろん、この概念の背景には近代の資本主義の隆盛があります。

（中略）

ニーチェは当時の資本主義社会の弱肉強食の理論を裏打ちするかのような「生の肯定」「欲望の肯定」を行いました。それが「力への意志」という言葉に表されているわけです。


これは完全に間違いです。

《権力への意志（力への意志）》は、「自由や権力を求め、生きようとする意志」のことではありません。第二章で説明したとおり、個々の《世界》を生み出す原理です。だから、キリスト教道徳と対比させるのも「近代の資本主義の隆盛」と関連づけるのも完全な間違いです。

ニーチェが言うように、ルサンチマンやキリスト教道徳も《権力への意志》が生み出すものです。

その他にも山ほど間違いがある本ですが、見逃せない場所を数点だけ挙げておきます。

「そもそもニーチェは全人類を呪う『反人間主義者』」

この人は一体なんのためにこうしたデマを流すのでしょうか？

ご存じの通り、ニーチェは「全人類を呪うキリスト教」からの解放を説いた哲学者です。

ニーチェは言います。

「私は人間たちを愛する、しかも、私がこの衝動に逆らうときに、最も多く愛する」（『生成の無垢』）

「何ひとつとして美しいものはない、人間のみが美しいのである」（『偶像の黄昏』）

「愛することを学ぶ。——人は愛することを学び、親切であることを学ばなくてはならない」（『人間的、あまりに人間的』）

要するに、ニーチェは人間を全肯定したのです。

この著者は高校生レベルの基礎知識もないようで、国家主義と民族主義の区別もついていませんし、ニーチェとナチスの関係についての分析もひどいものでした。

事実関係もデタラメばかり。

吉本隆明もうっかりコムサ・デ・モードを着て雑誌に登場したりして、古い哲学仲間から「このモテ野郎め」と叱られたりしました。

吉本が『anan』の表紙で着たのは、コム・デ・ギャルソンです。それを批判した埴谷《はにや》雄《ゆ》高《たか》（一九〇九〜一九九七年）は小説家で、吉本は文芸評論家・詩人。古い哲学仲間でもなんでもありません。そもそも「モテ野郎」と批判したわけでもない。

ところでこの本、校閲は入らなかったのでしょうか？

B層社会では《教養人》は姿を消し、《知識人》と呼ばれるバカが暴走するようになる。

近代大衆社会においては反知性主義が猛威をふるうようになる。

ニーチェはそれを正確に見抜いていました。

第五章　Ｂ層政治家が日本を滅ぼす

B層政治家の見抜き方

近年、変な政治家が永田町に大量発生しています。

彼らはいわゆる金権政治家や悪徳政治家とは違います。むしろ政官財の癒着《ゆちゃく》構造を批判し、「過去のしがらみ」を断ち切り、「抜本的な改革」を行うために「時代に風穴」を開けようとしています。

彼らは目を輝かせながら言います。「国民一人一人の意見を国政に反映させる」ためには「日本の統治機構を変えなければならない」と。

この手の政治家を支えているのがB層です。

B層に支持されるB層政治家は大きく三つのタイプに分かれます。

一つ目は詐欺師タイプです。

手口は悪質商法と同じです。和牛預託商法の安愚楽《あぐら》牧場や、擬似通貨「円天」の波《なみ》会長のように「預けたお金が三年間で二倍に」などの謳《うた》い文句で出資金を募るわけです。菅直人は野党時代に「民主党が政権をとれば、株価を三年間で二倍から三倍にはできる」と発言しましたが、こうしたシンプルな詐欺師に、知的弱者は引っかかります。

なお、民主党のマニフェストは典型的な広告詐欺に当たります。「一週間で一〇キロ痩せる」「水晶を買うとガンが治る」といった類《たぐい》の虚偽・誇大広告です。マニフェストに根拠がないことは民主党が政権をとる前から指摘されていましたが、契約書を精査せず、イメージに流されるのがB層の特徴でもあります。

途中から「マニフェストは努力目標だ」と言い換えるのも古くからの詐欺師の手法ですね。競馬必勝法やパチンコ必勝法もこのカテゴリーに入ります。

枝野幸男《えだのゆきお》の「ただちに人体、健康には影響はない」もベーシックな詐欺の手法です。「このヒヨコ、大きくならないよ」という的屋《てきや》の口上はこれを応用したものです。縁日の翌日に極彩色《ごくさいしき》のヒヨコが死ねば、たしかに大きくならなかったことになるし、大きくなったら「ニワトリになっただけだ」と嘯《うそぶ》く。要するに逃げ道をつくっておくわけです。

ちなみに枝野は国会で「ただちに影響がないとは七回しか言ってない」と開き直りましたが、反社会勢力とつながりをもつ枝野ならではの物言いです。東電をスケープゴートにして善人面《づら》するのも、あちらの世界のやり方です。

おとりやサクラを使う詐欺もあります。

出会い系サイトやペニーオークションなどで使われる手口で、小泉純一郎の自作自演のタウンミーティングや民主党のジャーナリストの買収（ステルスマーケティング）などがこれに当たります。

催眠商法は最初に安価なスポンジや洗剤などを無料で配り、主婦や老人を興奮させ、最後に市場価格の数倍する羽毛布団などを買わせる詐欺です。最初に高速道路無料化や公立高校の実質無償化、「子ども手当」などのばらまき政策でB層を興奮させ、政権を掌握した後で、国民全体に莫大な被害を与えるやり方です。

もちろん途中解約には応じません。

野田佳彦が地元の駅前で続けていた演説の定番のセリフは、「駅前留学はNOVA、駅前演説は野田」だったそうですが、両者の手口は同じです。不当な解約手数料を請求したNOVAと同じで、一度政権を握ったが最後、震災や財政危機を口実に権力の座にしがみつく。

脱法ビジネスやマルチ商法も挙げられます。これはそのまま山岡賢次《やまおかけんじ》ですね。詐欺師のような政治家なのか、政治家のような詐欺師なのか、あるいはそのハイブリッド型なのか、よくわかりませんが、問題のないビジネスはわざわざ「合法」と謳《うた》いません。

こうして見ると、民主党が政権を握った理由は、シンプルな詐欺を打ち出したからだと思います。B層はシンプルなものに弱いのです。

各地の県警が「振り込め詐欺」の被害者を調べたところ、七割から八割近くが「自分だけは被害に遭《あ》わない」と考えていたそうです。こうした人々が、「自民党にお灸《きゅう》をすえる」「政権交代可能な二大政党制を目指すべきだ」「官僚支配から脱却しなければならない」などと言いながら、民主党に投票したのです。

B層は単なるバカではありません。

むしろ新聞を丹念に読み、テレビニュースを見て、自分は合理的で理性的な判断を下していると信じています。そして、騙されても決して反省せず、自己正当化の挙げ句、永遠に騙されていくのです。小泉郵政選挙に騙され、民主党マニフェスト詐欺に騙され、この先も「改革」「革命」「維新」を声高《こわだか》に唱えるようなB層政党やB層政治家に死ぬまで騙され続けるのでしょう。

B層が求める「わかりやすい敵」

二つ目はB層の心理を狙うタイプです。

ニーチェは、ルサンチマンと同情の二つがキリスト教の原理であることを指摘しましたが、これは政治にも応用されています。

要するに既存の統治機構に対するB層の不平・不満を煽《あお》ることにより、革命を起こすわけです。

郵政選挙の際には、「抵抗勢力」という「わかりやすい敵」が設定され、そこに正義の味方である「刺客」が送り込まれました。あるいは参院選において「姫の虎退治」のようなB

層向けの紙芝居が用意される。

「敵」は状況に応じて官僚や公務員などに変化します。B層政治家は「公務員の数が多すぎる」「公務員の人件費が高すぎる」などとB層のルサンチマンを煽ります。

もちろん完全なデマゴギーです。日本は先進国では異常なほど人口比の公務員数が少なく、GDP（国内総生産）に対する公務員の人件費比率はフランスの半分以下です。

しかし、B層にとっては事実は重要ではありません。

B層は理解したいことしか耳に入らないからです。

彼らに必要なのは薄汚いルサンチマンをぶつける対象としての「敵」です。

「同情」を利用するのもB層政治家の手法です。同情が革命と社会解体の原動力になることを示したのが、フランス革命でした。

アレントは、革命家がリアリティーに対して無感覚になり、「教養や歴史の進路や革命それ自体の大義のため」に人々を犠牲にしたのは、「同情」「感傷の際限のなさ」に原因があると言います。

——

徳でさえその限度をもたねばならぬというモンテスキューの偉大な洞察は、ロベスピエールにとっては、ただ冷たい精神の格言にすぎないと思われたことだろう。たとえ不確かな後知恵のおかげであるとはいえ、われわれはモンテスキューの予言の偉大な知恵を知ることができ、また、ロベスピエールの哀れみに支えられた徳が、彼の支配の最初から、いかに裁判をむちゃくちゃにし、法を無視したかを想い出すことができる。（『革命について』）

ナチスの拡大もそうです。

既存の統治機構に対する不信感、世界恐慌が重なる中、社会的弱者に対する共感の政治を唱えて福祉政党のナチスは拡大しました。わが国においても、震災対策において弱者救済を口実に超法規的措置を持ち出すような政党がありますが、彼らはロベスピエールやヒトラーの同類であり、法を無視する職業的詐欺集団と言っていいでしょう。

有権者は成熟しない

三つ目は、Ｂ層コンテンツを利用するタイプです。

要するに、Ｂ層の琴線に触れる言葉を政治利用するわけです。

たとえば、絆《きずな》、坂本龍馬《さかもとりょうま》、ドジョウの持ち味、相田みつを、友愛、ＥＸＩＬＥ、米百俵の精神、Ｘ　ＪＡＰＡＮ、埋蔵金、民営化、人権の党、韓流、アジェンダ……。こうした撒《ま》き餌《え》でB層をおびき寄せる。

しまいには、政界にも韓流ブームが吹き荒れます。野田佳彦も菅直人も前原誠司《まえはらせいじ》も在日韓国人から違法献金を受けていました。小沢一郎は韓国大統領に在日外国人への参政権付与について努力することを約束。二〇〇九年の衆院選では、在日本大韓民国民団が小沢支持を打ち出しました。

菅グループ代表の土肥隆一《どいりゅういち》（現在は離党）は朝鮮学校の無償化を進め、二〇一一年には、竹島領有権の放棄を日本側に求める「日韓共同宣言」に署名しています。

落ち目になったタレントやスポーツ選手が政治家に転身するのもこのカテゴリーに入ります。B層にとっては、彼らは「よく知っている人」であり、いわば「知人」なのです。

柔道女子五輪金メダリストの谷亮子《たにりょうこ》の政界進出には「イロモノ議員」との声があがりましたが、イロモノというよりキワモノに近い。こうして、グラドル崩れのおばさんや元暴走族の「ちびっこギャング」、詐欺師まがいの人々が閣僚になるような時代がやってきたのです。

軽口系もこのカテゴリーに入ります。なにか気がきいた（と本人が思っている）ことを発言し、メディアに露出することを期待するタイプですね。

田中眞紀子《たなかまきこ》や橋下徹、原口一博、舛添要一《ますぞえよういち》あたりがそうです。みんなの党の渡辺喜美《わたなべよしみ》の場合は、父親が気のききすぎたことを言って舌禍《ぜっか》事件を何度も起こしているので、毒にもクスリにもならないB層受けするコメント（主に駄洒落《だじゃれ》）をひねり出しているようです。

こうして眺めると、テレビ番組に出てくる政治家のほとんどがB層政治家であることがわかると思います。

こうしたB層政治家を封じ込めるには、どうしたらいいのか？

B層を教育するのは無駄です。B層につける薬はありません。

選挙のたびに「有権者の成熟が必要だ」などと言われますが、歴史上、有権者が成熟したためしはない。

個別の対応としては、現在の「政治主導」「民主化」の大きな流れを食い止めるべきです。中選挙区制の復活、選挙権・被選挙権の制限範囲の見直し、司法の独立の徹底、三権分立や二院制などの民主主義に対するセーフティーネットの堅守などが挙げられますが、結局は未来と過去に責任をもつ人間、正気を保っている専門家・職人が政治的判断を下すしかないのだと思います。

身も蓋《ふた》もない言い方ですが、立法府の腐敗を前提とした「政治のシステム」を維持していくことが重要なのです。

三流大学を目指す必要はない

「一流大学を卒業し、一流企業に就職すれば幸せになれる。そんな時代はすでに終わった」みたいな物言いが一時期巷に溢れていました。でもそれは「全員が幸せになれる時代」が終わっただけで、「三流大学を卒業し、三流企業に就職」するよりははるかにマシなのです。

「必ずしも一流大学を目指す必要はない」という言葉も氾濫《はんらん》しましたが、「三流大学を目指す必要」はもっとありません。

「一流大学を出てもダメな奴がいる」

たしかにそうです。

でも、一流大学を出ていないほうがダメな奴のパーセンテージは高いのです。

共同通信の記者だった辺見庸《へんみよう》が早稲田大学で講演をしたことがあり、偶然私もその場にいたのですが、辺見は「オレは世界中を旅していろいろ学んできた」「大学の授業で学ぶことより、バングラデシュの街角に三〇分座っているほうが学ぶことが多い」などと言うわけです。

お得意の持ちネタなのでしょうが、バングラデシュの街角に三〇分座っているだけで利口になったら世話がありません。私も学生時代にインドやバングラデシュに三ヵ月くらい行きましたけど、余計に頭が悪くなった気がします。

それでは、なぜこういうことを言いたがる人が大勢いるのか？

それは「みんなが平等にバカになればいい」と本心では思っているからです。

民主主義者、平等主義者が学歴社会を批判するのは、学歴社会が健全だからです。

日教組がルソーの『エミール』を持ち出すのは、それが教育崩壊の原理であるからです。

「東大生の親は年収が高い」という話を聞いて、「やっぱりお金ですべてが決まるのね」と思うのがB層であり、「カネを稼ぐ能力が高い人は、東大を出るメリットをわかりやすく子供に伝えることができる」と考えるのが他の層です。

これは大事なことですが、知性や学問を否定してもいいことなんてありません。

民主主義を徹底させると、議会制度は廃止され、無作為抽出で「政治家」は選出されるようになります。大衆が当番でボタンを五つくらい押すようなものになります。

つまり、政治に知性は必要なくなる。

そこで生み出されるのは、地獄です。

そういう意味では学閥のある日本の官僚支配は優れた制度なのです。

イラクの場所を知らない政治家

少し前の話ですが、日本地理学会が高校生と大学生を対象に「世界認識調査」を行いました。

それによると、大学生の四割がイラクの場所を知らなかったとのこと。新聞各紙も「ゆとり教育の結果がここまで来たのか」と調査結果を報道していました。

しかし、国会議員にもイラクの場所を知らない人が大勢います。

あるバラエティー番組に登場した女性議員一四人のうち五人はイラクの場所を知りませんでした。

だから、けしからんと言いたいのではありません。

政治に向いていない人が政治家になってしまうのが、B層社会の特徴であることを指摘したいのです。なんだかよくわからないおばさんが、ふと気がついたときには政治家になっている。こうした現象が発生するのは、社会が病んでいるからです。

イラクの場所を知らなかった五人の略歴を見てみましょう。

鰐淵洋子《わにぶちようこ》は一九七二年、福岡県生まれ。創価女子短期大学経営科卒。当選者中最少の一万七一七三票で参議院議員となり「党も計算外の当選に驚いている」と各紙に掲載された。公明党も本人も当選するとは思っていなかったという。当選後は首都圏の女性専用車両の導入・拡充を求める署名活動や動物愛護運動を行います。二〇一〇年の参院選で比例区から出馬し落選。

飯島夕雁《いいじまゆかり》は一九六四年、東京都生まれ。中央大学商学部の夜間部を卒業。二〇〇五年の衆院選で地縁のない北海道一〇区から「刺客」として自民党から出馬。二〇〇九年の衆院選では大差で敗退。その後、夕張市長選に出馬し落選したときの弁は、「夕張市民の良識はこういうものだったのか」。

島田智哉子《しまだちやこ》は一九六二年、福岡県生まれ。明海大学歯学部卒。二〇〇四年の参院選で初当選。二〇一〇年の参院選で落選。外国人参政権の推進派。

姫井由美子《ひめいゆみこ》は一九五九年、岡山県生まれ。岡山大学大学院卒。二〇〇七年の参院選で自民党の片山虎之助《かたやまとらのすけ》を破り初当選。そのときのキャッチフレーズ「姫の虎退治」が有名になった。その後、離党届を出した翌日に撤回したり、不倫スキャンダルや有印私文書偽造行使事件、詐欺事件などを起こしています。

仲野博子《なかのひろこ》は一九五九年、青森県生まれ。弘前学院大学英米文学科卒。二〇〇三年の衆院選の比例で復活。二〇〇九年にも比例で復活している。小沢一郎に近く、二〇一一年には野田内閣の農林水産政務官に就任。

こうしてみると、いろいろな間違いが重なり議員になってしまったケースが多いようです。落選している議員も多いし、人生いくらでもやり直しがきくので、今後は政治にかかわろうなどとおかしな考えを起こさないように周囲の人間がサポートしていくべきでしょう。

そもそもニーチェに言わせれば、女性は政治にかかわるべきではないのです。

男女は平等ではないからです。

男女平等は宗教です。

「女性の解放」とは女性の劣化です。

近代の女性は、男と同じような権利をほしがるようになり、新聞を読むようになり、政治にまで口を出すようになった。

「こうしたことは、賢い女性なら恥じるものである」とニーチェは言います。

なぜなら、彼女たちは男のように振る舞うことにより、女性特有の魅力を失ってしまったからです。

ニーチェは言います。

「女性たちの男性化こそ『女性の解放』にうってつけの名称である。（中略）彼女たちは、こういう仕方では自分たちの権力をみずから破滅させるということを、知らなければならないのだが」（『生成の無垢』）

要するに「女性の解放」が女性を攻撃したのです。

「女というものは、女らしい女であればあるほど、そもそも権利などというものに手足をばたつかせて極力抵抗するものなのだから。（中略）『女性解放』——これはできそこないの女、つまり子供を産む力がなくなってしまった女ができの良い女に対して抱く本能的憎悪である」（『この人を見よ』）

男女平等は悪質なフィクションです。

ニーチェによれば、女のほうが男よりもずっと上なのです。

「完全な女は完全な男よりも高級な人間類型である」（『人間的、あまりに人間的』）

「人々は婦人たちをいくら高く評価しても評価し足りない」（『生成の無垢』）

「人々はいくらかは女性の歴史をわきまえていなければならない。（中略）女性は『より弱

マーガレット・ヒルダ・サッチャー
（1925年〜）政治家

い』性であるとするのは、歴史学的にも比較民族学的にも維持されえない」（『生成の無垢』）

女性の最大の仕事は結婚して、健康な子供を産み、立派に育てることです。

政治なんかは男にやらせておけばいいのです。

性別により向き不向きもあります。

パイロットや鮨《すし》職人は男のほうが向いているし、保育士や看護師は女性のほうが向いています。

女性は政治家に向いていません。

たしかにイギリスにはマーガレット・ヒルダ・サッチャーがいたし、アメリカにはコンドリーザ・ライスやヒラリー・ローダム・クリントンがいる。でも彼女たちは生物学的には女ですが、中身はほとんど男でしょう。例外を一般化する必要はありません。

民主党が独裁を肯定する理由

民主党の反知性主義を代表するのが菅直人です。

近視眼的に捉えれば、権力欲の強い無能な政治家が、民主党政権樹立後の混乱の中、不幸にも総理の座についてしまったというだけの話に見えなくもありません。
しかし、問題はもう少し深いところにあります。
菅の最大の特徴は、知性、文明に対して深い憎しみを抱いていることです。

私は、もともと東大全共闘の主張には、かなりの共感をもっていました。とくに、初期の全共闘の持っていた文明批判的な側面には同感するところが多かった。(『日本大転換』)

全共闘運動について一言でいえば、私は反文明運動だったと思っています。文明に対しての、ある種のアンチテーゼというか……。(中略)民主党が、もし歴史のなかで一つの役割を果たせるとしたら、そういう二〇年前、二五年前のある種の共通の世代的な経験をもった連中が、二五年たったいまの時代において、あの当時とはもう一段違ったステージのなかで勝負できるかどうかにかかっているのではないか。(鳩山由紀夫との共著『民益論』)

昔の左翼運動には「二段階革命論」という言葉があった。まず、民主主義革命によって封建制を一掃し、それから社会主義革命をする、というものだった。このように、段階を

菅直人（1946年～）
内閣総理大臣（第94代）

経て改革していくという戦略だが、いまは段階を経ている時間的余裕はない。（『総理大臣の器』）

旧左翼のやり方は生ぬるいと断じ、二言目には「革命」「反文明」を唱える菅は、実際に日本を地獄に突き落としました。菅はまず、「官僚組織は悪である」という前提から議論を始めます。

織田信長の「比叡山焼き討ち」は、いまから見れば、たしかにテロリズムです。いま、いくら霞が関が悪いといっても、私たちが実際に官庁街に行ってガソリンをまいて火をつけたりしたら、単なる放火犯。党としてそんなことをしたら、オウムの事件で話題になった破防法をまたもち出してきて、解散を命じられるかもしれないから、あくまで比喩としての「焼き討ち」が必要だと思います。（『民益論』）

なぜ菅はそこまで霞が関を憎むのか？

理由は簡単です。自分たちが理想とする全体主義国家を築くためには、官僚組織が邪魔だからです。

菅は公的な規制が日本をおかしくしたと言います。

いま、日本には、およそ一万一千件の公的規則がある。この一万一千件という数字、ピンとこないかもしれませんが、まさにすさまじい数と言うしかない。イメージするとすれば、「一万一千の校則がある学校」を思い浮かべていただきたい。現在の日本に生まれ、暮らすということは、そんな学校に通うのと、よく似ている。（『日本大転換』）

どこが似ているのかわかりませんが、政治主導で官僚組織のあり方を「ゼロベース」で見直すべきだというのが、菅の持論です。

なぜ、菅がこのように考えるようになったのか？

本人が述べている通り、地方分権のイデオローグ松下圭一《まつしたけいいち》に心酔しているからです。

菅は、松下の著書『政治・行政の考え方』から図版まで引用し、「現行憲法の大原則」である国民主権にのっとり、国会は行政を監督する権限があると主張します（『大臣』）。

菅には信奉する松下説しか見えていません。国会の権限についての論点は多岐にわたるが、菅は比較検討もせずに一左翼学者の一学説をそのまま政治に反映させたわけです。

菅は三権分立を否定します。

そもそもの誤解は、国会を単に「立法府」でしかないと捉えることにある。そのように捉えるから、行政府、司法府と並列な関係にある、となってしまう。国会は立法をするところだが、同時に内閣総理大臣を決める機関である、という認識が欠けている。つまり、国会は主権者である国民を代表する機関で、国民に代わって総理大臣を決める権限を与えられており、その意味で、国会は国の最高機関なのである。(『大臣』)

簡単に言えば、「最高機関」である立法府が、行政府や司法府に口出しできないのはおかしいと怒っているわけです。

こうした危険思想は、民主党議員の中に浸透しています。

先述した通り、三権分立は、《民意》を背景にした議会の暴走、および権力者による恣意《しい》的《てき》な法の解釈を防ぐために整えられてきた制度です。

菅が三権分立を否定する理由はきわめて明瞭、すなわち独裁政治を行うためです。

事実、菅は独裁を肯定しています。

政治家が「トップダウンでやる」と言うと、独裁につながるという批判の声をよく聞く。しかし、私は誤解を恐れずにあえて言えば、民主主義というのは「交代可能な独裁」だと考えている。選挙によって、ある人物なりある党に委ねた以上、原則としてその任期いっぱいは、その人物なり党の判断にまかせるべきである。(『大臣』)

こうした発言から、菅が議会主義の基本を理解していないことがわかります。

菅が開かれた議論を拒絶し、密室型の政治にこだわり、総理の座にしがみついた理由もここにあります。

B層社会はこうした狂人を国家の中枢に送り込んだのです。

私たちの社会は、全体主義や社会主義の恐怖に対し完全に不感症になっています。菅の言葉は驚くほど軽い。総理以前に、人間として欠陥があるとしか思えません。

議院内閣制の下では、首相一人が思いつきで政策を振りかざしてみても、議会の多数を握る与党がそのとおりに動かなければ、予算も法案も何も通すことができません。(小沢一郎との共著『政権交代のシナリオ』)

思いつきで政策を振り回してきたバカに国民は付き合わされたわけです。こうした民主党の独裁理論を引き継いでいるのが大阪維新の会の橋下徹ですね。われわれは懲《こ》りもせず、過去と同じ失敗を繰り返し、自らの首を絞め続けているのです。

ナショナリズムと帝国主義

愚かな人間が愚かな政治家を選んでしまうと衆愚政治になります。

その典型が原口一博です。

当初私は、原口を「政界の一発屋芸人」と定義していました。

三流の芸なのに、圧倒的などや顔。発言は支離滅裂で一貫性はありません。

原口はその時点における強者に近づいていきます。

政界においては小沢一郎の周辺をうろつき、マスコミに登場してはひたすら《大衆》に媚《こび》を売ります。

陳腐でわかりやすい「敵」のイメージをつくりあげ、国民と一緒にそれと戦うポーズを見せる。たとえばそれは頑迷な官僚であり、自民党の古い体質であり、政権交代の原点を見失った民主党です。自分だけは常に正義の側に立っているつもりなのです。

原口一博という人物から見えてくるものは、戦後日本が行き着いた衆愚政治のもっともグロテスクな姿です。

原口の最大の特徴は、政治学の基礎的な知識が欠如していることです。

原口は大学時代の恩師からアレントを読むように勧められたと言います。

「ハンナ・アーレント、彼女も人を人でなくす力とずうっと闘った人」（『一冊の本』二〇〇二年七月号）

アレントの著書『人間の条件』には、赤線を引いて読んだとのこと。

ところが、原口がアレントを理解した形跡はまったくありません。

たとえば原口はこんな珍説を唱えます。


歴史的な視点、戦略的な視点を欠いていては、本質を見誤ってしまい外交の信頼・国益を損なってしまいます。現在の中国は、一党独裁国家から近代的な国民国家に生まれ変わろうとしている過程にある。古い時代の分類で言えば、帝国主義を志向する段階で、ナショナリズムを強く訴えるようになる。（『週刊現代』二〇一〇年一〇月一六日号）

もちろんまったく逆です。

帝国主義を志向する段階では、「ナショナリズムの抑圧」を強く訴えるようになるのです。

これはアレントの政治哲学の基本です。

アレントは「ナショナリズムは帝国主義の阻害原因になる」と述べます。なぜなら、領土や人民に基盤を置く国家の原理と帝国主義の本質である資本の原理は激しく対立するからです。そもそも国家は古代ローマ帝国のような普遍的な統合原理をもたない。

こうしたアレントの指摘は、歴史的事実です。

近代ヨーロッパのナショナリズムは、ナポレオン帝国主義への反発という形で発生しています。わが国が満州国を建国した際には、五族協和を唱えました。

原口は言います。

「僕は民主党を、人を惨めにしない『人権の政党』にしたいんです」（『週刊ポスト』二〇〇八年二月八日号）

「おカネの価値が増殖していくと何も買うことができない人が増えて貧富の格差が拡大していく。そして紛争が極大化する」（『週刊東洋経済』二〇一〇年二月二〇日号）

アレントが生涯をかけて戦ったものは、こうした知的怠惰《たいだ》、知的欺瞞《ぎまん》です。

ナチスに迫害されアメリカに亡命したアレントは、大衆社会においてポピュリズム政党が社会的弱者への共感を示すことで拡張していくことに警鐘を鳴らしました。そして原口が言うような「人権」はまったく無意味であると喝破しています。

われわれの経験は、人権が無意味な「抽象」以外の何ものでもないことをいわば実験的に証明したように見える。そして権利とは、生命自体と同じく代々子孫に伝える「継承された遺産」であること、権利とは具体的には「イギリス人の権利」、あるいはドイツ人の、あるいはその他いかなる国であろうと或る国民の権利でしか決してあり得ない故に、自己の権利を奪うべからざる人権として宣言するのは政治的には無意味であることも証明されてしまった。（『全体主義の起原』）

アレントの批判は、そのまま民主党および原口に当てはまります。

原口は環太平洋戦略的経済連携協定（ＴＰＰ）の議論が膠着《こうちゃく》状態の中、次のようにツイッターで発言しました。

ＰＴＴ参加表明の是非が問われている今、昨日の民主党経済連携ＰＴの提案を受けての総理の会見が明日に延期されたとの事。議会運営委員会での与党理事からの踏み込んだ意見も勘案し、政府が賢明な判断をするよう求め続けています。

そもそも「PTT」ってなに？

よくわからないことに口を出す幼児のような政治家が増えている。社会学者の中野剛志《なかのたけし》は「TPP亡国論」を唱えましたが、私は「PTT亡国論」を唱えたい。

選挙には行きません

私は選挙には行きません。

こういうことを言うと、ドン引きされるか、なにか不憫《ふびん》なものを見るような目で見られたりします。

親切な人は「そういうことを公《おおやけ》に言わないほうがいいと思いますよ」などと助言をしてくれます。

選挙の日が近づいてくると、私はインターネットのコミュニティサイトで選挙に行かない旨《むね》、公言します。

そして返ってくる反応が毎回ほぼ同じであることに注目しております。

いわば定点観測です。

E氏「選挙に行かない人になにを言われてもな」
G氏「選挙に行かない人はなにも言う権利もないように思いますが」
E氏「Gさんに一票。選挙に行かない人に、言う資格なし」
T氏「辞退じゃなくて白紙投票すべき」
R氏「せめて、抗議の意味を込めて白票を投じればいいのではないでしょうか？」
E氏「僕は過去にどうしようもないときには白票を投じています。選挙に行かないのと白票では天と地ほども意味が違います。権利を行使したか、なにもしなかったか。発言権は後者にはありません」

そこで私は次のように返答しました。
「ご意見ありがとうございました。選挙をきっかけに、権利とはなにか？　議会制民主主義とはなにか？　を多くの人が考えるべきだと思います。まあ、どちらにせよ選挙には行きませんが」

するとの次ような書き込みが。

E氏「適菜収さん。まず行ってからだ。話はそれからだ」
K氏「民主党に投票した人は民主党を悪く言う資格がないとおっしゃってますが、投票の権利を放棄している人の方が言う資格がないと思います。だってあの中から選ぶしか日本はないんですから。投票したからこそ良くないことや良いことを指摘できるんですよ」
M氏「……と言いつつ、選挙に行くんでしょ（笑）」
適菜「行きませんよ」
R氏「せめて、白紙で投票するぐらいのことはしてもいいんじゃないでしょうか……」
適菜「なんのために、白紙で投票するんですか？」

だいたいこのような生ぬるいところで議論は途切れるのですが、「なんのために」というのは大事な問題です。

この問題はすでに論じられています。

浅羽《あさば》通明《みちあき》は著書『思想家志願』で「UNTACはなぜ尊い犠牲を出してまでカンボジアの選挙実現を図り、何より投票率九〇％以上という結果に大満足したのか」という考察をしています。

選挙の成功そのものがめでたいと。これはすなわち、選挙という宗教的祭儀、いや魔術だか呪術だかを見事にとり行なった神官の気分といったところでしょうか。あとはそれに応える神の恵みあるいは儀礼の魔力や呪力によって当然もたらされると信じられている成果――この場合は平和――を待つばかりというわけ……。

そうです。私たちは見たのです。十数人の犠牲を供じて神の恩寵を乞う呪法の儀礼を。先進自由主義諸国で広く信仰されている、デモクラシー教の根本儀礼を！

要するに選挙は《デモクラシー教》《民主教》の儀式です。厳密に言えば、選挙は民主主義的ではありませんが、先述したように議会は民主主義の呪いを背負っています。

それは国民ひとりひとりが、かけがえのない国政の主人として平等に選ばれているという教義ですね。そして選挙とは、この教義がお題目や建前でなくて本当なんだと皆が身体で実感する疑似体験というわけです。

要するに、《デモクラシー教》《民主教》の信者は、「選挙に行かない」などと聞くと、自分たちの神様がコケにされたと感じるのです。

しかし、国民が平等であるというフィクションを信じるほうが無理があります。

私はあまり人のことを批判するのは好きではないのですが「頭がおかしいんじゃないの」と言いたくもなります。

「選挙なんかで世の中は変わらない」などと反抗期の小学生みたいなことを言いたいわけではありません。

逆です。

選挙なんかで世の中を変えることは危険なのです。

ニーチェは言います。

「民主政治は、偉大な人間たちや精鋭の社会によせる不信仰を代表する」（『権力への意志』）

「私は、普通選挙の時代において、言いかえれば、各人があらゆる人間とあらゆる事物を裁くことの許されている時代において、階序を再び樹立することを迫られている」（『権力への意志』）

結局、ニーチェは理解されなかったのではないでしょうか？

《終末の人間》が目をパチパチさせながら、宗教的儀式に毎日いそしんでいるのがB層社会です。

ニーチェは警告を発しました。

「**二千年の長きにわたってキリスト教徒であったことに対して、私たちが償いをしなければならない時代がやってくる**」(『権力への意志』)

私たち日本人にも、いつか反省する時代がやってくるのでしょうか?

おわりに　区別をすること

いつの時代においても世の中がおかしくなっていくときの空気はこのようなものだったのではないでしょうか？

誰もが「まだ、大丈夫」と思っているうちに社会は腐っていったのです。

アレントは著書『イェルサレムのアイヒマン』で、ナチスの親衛隊中佐だったカール・アドルフ・アイヒマン（一九〇六〜一九六二年）の裁判記録を残しています。副題の「悪の陳腐さについての報告」が示す通り、そこではアイヒマンは極悪人ではなく小心者の平凡な役人として描かれています。

ナチスは狂気の集団としてではなく、市民社会の中からごく普通に登場したのです。そして市民社会的な手続きを経て、カタストロフィに突き進んでいった。

われわれの社会はすでに民主党や大阪維新の会を生み出しています。

二〇一一年の『NHK紅白歌合戦』ではAKB48が総勢二一〇人、ジャニーズJr.が総勢二四七人、ステージにあがりました。

今の時代、もっとも失われているものは「区別をすること」「差別をすること」です。

キリスト教および近代イデオロギーがその境界を破壊したことは本書で示した通りです。

ニーチェは言います。

「私の使命、人類が最高の自省をする一瞬間を準備すること、人類が過ぎ来し方をふりかえり、行くてを見はるかし、偶然と僧侶どもとの支配から脱出して、なぜ？　なんのために、という問いを全体として初めて提出する一つの大いなる真昼を準備すること」（『この人を見よ』）

われわれ日本人もまた思想史的な総点検をしなければならない時期に来ているのではないでしょうか？

カール・アドルフ・アイヒマン
（1906～1962年）親衛隊中佐

ニーチェは言います。

「病気は、健康になるための一つの不器用な試みである」（『生成の無垢』）

《病》の本質について考えることが健康を取り戻すことにつながるのです。

なお、本文の一部に雑誌『正論』『撃論』で発表した文章を加筆修正したうえで組み込んでおります。また、敬称は省略させていただきました。

ニーチェは「ひとりで生きる人たち」「これまで聞いたことのないことに対して聞く耳をもつ人たち」のために語りかけます。

本書がその言葉を受け取る参考になれば幸いです。

適菜収

■参考文献

『ニーチェ全集』(ちくま学芸文庫)
《人間的、あまりに人間的Ⅰ／池尾健一訳》
《人間的、あまりに人間的Ⅱ／中島義生訳》
《悦ばしき知識／信太正三訳》
《ツァラトゥストラ 上・下／吉沢伝三郎訳》
《善悪の彼岸・道徳の系譜／信太正三訳》
《偶像の黄昏・反キリスト者／原佑訳》
《権力への意志 上・下／原佑訳》
《生成の無垢 上・下／原佑・吉沢伝三郎訳》
《この人を見よ・自伝集／川原栄峰訳》
『ゲーテとの対話』エッカーマン／山下肇訳(岩波文庫)
『大衆の反逆』オルテガ・イ・ガセット／神吉敬三訳(ちくま学芸文庫)
『日本人の人生観』山本七平(講談社学術文庫)

『人間不平等起源論』J・J・ルソー／小林善彦・井上幸治訳（中公クラシックス）
『社会契約論』J・J・ルソー／桑原武夫・前川貞次郎訳（岩波文庫）
『革命について』H・アレント／志水速雄訳（ちくま学芸文庫）
『全体主義の起原』H・アレント／大久保和郎ほか訳（みすず書房）
『1984年』ジョージ・オーウェル／新庄哲夫訳（ハヤカワ文庫）
『思想家志願』浅羽通明（幻冬舎）
『ゲーテの警告　日本を滅ぼす「B層」の正体』適菜収（講談社＋α新書）
『世界一退屈な授業』適菜収（星海社新書）

適菜 収

1975年山梨県生まれ。作家。哲学者。早稲田大学で西洋文学を学び、ニーチェを専攻。卒業後、出版社勤務を経て、現職。
著書にはニーチェの代表作『アンチクリスト』を現代語に訳した『キリスト教は邪教です!』(講談社＋α新書)、『はじめてのニーチェ』(飛鳥新社)、『ゲーテに学ぶ賢者の知恵』(だいわ文庫)、『ゲーテの警告』(講談社＋α新書)、『世界一退屈な授業』(星海社新書)などがある。

講談社＋α《プラスアルファ》新書 246-3 A

ニーチェの警鐘《けいしょう》

日本を蝕む「B層」の害毒

適菜《てきな》 収《おさむ》

2012年 4 月20日第1刷発行
2013年 3 月12日第9刷発行

発行者――――― 鈴木 哲
発行所――――― 株式会社 講談社
東京都文京区音羽2-12-21 〒112-8001
電話 出版部(03)5395-3532
販売部(03)5395-5817
業務部(03)5395-3615

カバー写真――――― Getty Images
デザイン――――― 鈴木成一デザイン室
カバー印刷――――― 共同印刷株式会社
印刷――――― 慶昌堂印刷株式会社
製本――――― 牧製本印刷株式会社

定価はカバーに表示してあります。

Printed in Japan
ISBN978-4-06-272756-3

講談社+α新書

書名	著者	内容	価格・番号
逆境が男の「器」を磨く	ドン小西	辛口ファッションチェックで知られる男に隠された壮絶なる半生。壁をブチ破る毒舌人生指南	838円 527-1 A
庶民に愛された地獄信仰の謎 小野小町は奪衣婆になったのか	中野純	別府、箱根、京都など、日本中に遺る地獄文化の妙！「あの世」は「この世」よりおもしろい	838円 528-1 D
人生の大義 社会と会社の両方で成功する生き方	北尾吉孝 夏野剛	ネットビジネスの巨人達が示す大成功の新法則。IT時代だからこそ可能になった新しい生き方	838円 529-1 C
iPadでつくる「究極の電子書斎」 蔵書はすべてデジタル化しなさい！	皆神龍太郎	蔵書1万冊をデジタル化した著者が伝授する、iPadを読書端末として使い倒す技術！	838円 531-1 C
見えない汚染「電磁波」から身を守る	古庄弘枝	見えないし、臭わないけれど、体に悪さをする電磁波。家族を守り、安全に使う知恵とは	838円 532-1 B
「まわり道」の効用 画期的「浪人のすすめ」	小宮山悟	無名選手が二浪で早稲田のエース、プロ野球、そしてメジャーに。夢をかなえる「弱者の戦略」	838円 534-1 A
50枚で完全入門 マイルス・デイヴィス	中山康樹	ジャズ界のピカソ、マイルス！ 膨大な作品群から生前親交のあった著者が必聴盤を厳選！	838円 535-1 D
日本は世界4位の海洋大国	山田吉彦	中国の5倍の海、原発500年分のウランが毎年流れ込む。いま資源大国になる日本の凄い未来	838円 536-1 D
北朝鮮の人間改造術、あるいは他人の人生を支配する手法	宮田敦司	「悪の心理操作術」を仕事や恋愛に使うとどうなる!? 知らず知らずに受けている洗脳の恐怖	838円 537-1 B
ヒット商品が教えてくれる 人の「ホンネ」をつかむ技術	並木裕太	売れている商品には、日本人の「ホンネ」や欲求や見栄をくすぐる仕掛けがちゃんと施されていた！	838円 538-1 C
ボスだけを見る欧米人 みんなの顔まで見る日本人	増田貴彦	日本人と欧米人の目に映る光景は全くの別物!? 文化心理学が明かす心と文化の不思議な関係！	876円 539-1 C

表示価格はすべて本体価格（税別）です。本体価格は変更することがあります

講談社+α新書

人生に失敗する18の錯覚 行動経済学から学ぶ想像力の正しい使い方
加藤英明　岡田克彦
世界一やさしい経済学を学んで、人生に勝つ!! 行動経済学が示す成功率アップのメカニズム！
876円 540-1 A

人が変わる、組織が変わる！ **日産式「改善」という戦略**
武尾裕司　井熊光義
「モノづくり」の問題解決力は異業種にもあてはまる？ 日産流の超法則が日本の職場を変える
838円 541-1 C

ジェームズ・ボンド 仕事の流儀
田窪寿保
英国に精通するビジネスエキスパートだから書けた「最強の中年男」になるためのレッスン
838円 542-1 C

なぜ、口べたなあの人が、相手の心を動かすのか？
北原義典
人間の行動と心理から、「伝わる」秘訣が判明！ 強いコミュニケーション力がつく！
838円 543-1 A

死ぬまで安心な有料老人ホームの選び方 子も親も「老活！」時代
中村寿美子
人生最後の大きな買い物となる老後の住まい。老い支度のチャンスを逃さず安心を摑め！
838円 544-1 D

コスト削減の罠
村井哲之
なぜ会社のコスト削減は失敗するか。3つの罠を回避し売上減でも利益UPを実現する極意！
838円 545-1 C

半値になっても儲かる「つみたて投資」
星野泰平
さらば値下がりの恐怖。「いつ何を買う」はもう考えなくていい。年金不安に備える安心投資法
838円 546-1 C

新型インフルエンザの「正体」
根路銘国昭
ワクチン効果なく、アルコール消毒もダメで空間消毒を。第一人者が説く本当の情報と予防法
838円 547-1 B

賢い芸人が焼き肉屋を始める理由 投資嫌いのための「和風」資産形成入門
岡本和久
働くことは最強の資産運用！ 日本人の性質・特徴を生かして確実に殖やす反常識の成功法則
838円 548-1 C

「病院」がトヨタを超える日 医療は日本を救う輸出産業になる！
北原茂実
東京・八王子で「病気にならない街づくり」を実践。医療の輸出産業化をめざす医師の挑戦！
838円 549-1 C

「病院」が東北を救う日
北原茂実
医療の輸出産業化を進める著者が被災地で直面した現実。高齢社会で町と絆を取り戻す方法！
838円 549-2 C

表示価格はすべて本体価格（税別）です。本体価格は変更することがあります